한국의 여행 문학

한국의 여행 문학

김태준 지음

우리 문화의 뿌리를 찾아서를 펴내며

한국의 전통 문화를 세계화하고자 하는 의도에서 기획된 '우리 문화의 뿌리를 찾아서' 시리즈는 우리 문화의 독특함과 보편성을 다양한 분야에서 연구한 성과들을 국내외에 소개함으로써 세계 속에서 한국 문화의 위상과 학문적 경쟁력을 높이는 데에 그 목적이 있다.

한글과 영어로 발간되는 이 시리즈는 지나치게 학술적인 경향이나 단순한 안내서의 수준을 지양하고 한국의 전통 문화를 이루는 근간을 다양한 사진 자료를 통해 세부적으로 집중 조명해 봄으로써 우리 문화를 폭넓고 깊이있게 이해할 수 있도록 하는 데에 그 특징이 있다.

이 시리즈는 또한 현대 문명이 유발한 문제점들을 치유하는 대안이 한국의 전통 문화의 본질 속에 들어 있다는 것을 깨닫게 함으로써 세계인들이 한국 문화의 우수성을 올바로 이해하는 데에 크게 기여할 것이다.

2006년 2월

이화여자대학교출판부

차례

한국의 여행 문학

책머리에: 여행의 정신사

1

예로부터 아들을 낳으면 뽕나무 활에 쑥대 화살로 천지사방을 쏘는 풍습이 있다고 했는데, 장래 사방으로 웅비할 것을 비는 풍습이었다. 사나이뿐만 아니고 이 땅에 목숨을 얻은 사람들은 남녀를 가릴 것 없이 살 길을 찾아 따뜻한 남쪽으로 혹은 사방으로 이동을 감행했고, 신앙의 대상을 찾아 산으로 물로 순례의 길을 떠났다.

『제왕운기(帝王韻記)』의 「신라기」에서 이승휴(李承休, 1224~1301)는 "신라 사람들은 양식이 없어도 길을 떠나고 문을 닫는 법이 전혀 없다"고 했다. 또 한민족의 산악 숭배 사상은 단군 신화의 태백산과 아사달에 이어 삼산오악(三山五岳)과 선도산(仙桃山)의 숭배로 이어졌다. 신라 시대에는 융천사(融天師)가 향가를 불러 혜성을 물리치자 대왕이 기뻐하며 화랑을 풍악(楓岳)에 놀게 했다는 기사가 전하고, 또 영랑(永郎) 등 네 화랑[四仙]이 금강산에서 놀았다는 기록도 보인다. 이렇게 국토의 순례와 유람은 일찍이 화랑도의 수련과 교육 방식이었고, 아름다운 자연 경관은 한민족의 유람자들에게는 삶의 교과서였다.

고구려 · 신라 · 백제와 가야 사람들은 성지 순례와 유학으로 여행의 반경이 국제적이었다. 특히 신앙의 순례가 여행 문화를 세계적인 넓이로 발전시켜 준 것은 일찍이 혜초(慧超)의 『왕오천축국전』만으로도

삼일호 정수영, 조선 시대, 국립중앙박물관

1,200년이 넘는 기행 문학의 역사를 확인할 수 있다. 혜초는 719년에 중국 광주(廣州)로 가서 723년경 인도로 오천축국을 여행했고, 문학 중의 문학이었던 시(詩)의 시대에 이 기행문은 산문에 시를 섞어 써서 그 예술적 특징을 한껏 살리고 있다.

한문화권에서는 시(詩)와 함께 문(文)으로서는 사실을 말하는 실기류(實記類)의 산문들이 존중되는 전통이 강했다. 기행문이나 일기류는 이런 산문의 전통에 따라 발전했고, 기행문은 스스로를 위한 일기 형식이

백천교 정선, 신묘년풍악도첩, 조선 시대, 국립중앙박물관
백천교는 유점사 아래에 있는 다리로 승려들이 메는 가마를 타고 금강산을 유람하던 양반들이 나귀로 바꿔 타고 금강산을 내려가던 지점이었다.

거나 혹은 독자를 상정하거나 사실을 보고하는 성격이 강한 글쓰기 방식이다. 삼국의 문인들의 당나라 유학과 묵객들의 유람은 신라 말의 최치원(崔致遠)처럼 그 체험을 기행시로 남긴 이들이 적지 않았고, 이런 기행시의 전통은 고려로 이어졌다. 고려 시대에는 한국 사람으로 중국 땅을 두루 밟은 인물로는 익재(益齋 李齊賢, 1288~1367)만한 사람이 없다고 했는데, 절강의 「보타산(普陀山) 시」와 사천의 「아미산(峨眉山) 시」, 임하의 「도스마 시」를 남겼다. 임금은 정해 놓고 개경(開京)에서 서경(西京)으로 여행길에 올랐고, 개인들도 방방곡곡으로 나라 안을 유람하는 사람들이 많아, 김극기(金克已) 같은 문인은 전국에 그의 발이 미치지 않은 곳이 없었다고 한다. 그는 기행 시집 등 1백여 권과 문집을 남겼다고 하니, 지리와 시문을 한데 합친 『동국여지승람(東國輿地勝覽)』이 그의 시문으로 채워진 것은 오히려 당연했다.

고려 후기에 이르면 기행문에서 금강산 숭배가 시인 묵객들의 유산기(遊山記) 문학을 꽃피웠다. 이인로 · 이규보 · 안축 등 많은 문인들이 기행문을 남겼으며, 최해(崔瀣)의 「유금강산서」, 민지(閔漬)의 「유점사기(楡岾寺記)」, 이곡의 「동유기(東遊記)」 등으로 이어져, 좋은 경관은 좋은 시를 낳고, 이 경관과 이 시가 다시 유람객을 불러 끊이지 않았다. 이런 유람의 전통은 조선조에 특히 발달하여, 지리와 시문을 결합하는 인문 정신이 『동국여지승람』의 출간에서 화려하게 꽃피었다. 그리고 동아시아적 중세의 질서 속에서 명나라와 청나라, 그리고 일본으로 오가는 사행(使行)의 대여행단이 한 해에도 천여 명씩 외국을 여행하고, 방대한 사행 일기 문학을 낳았다.

그러나 임진왜란 이후에는 『요로원야화기(要路院夜話記)』에서처럼 서울 문명의 허울은 시골의 여행자들에게 호되게 비판받고, 기록에서 확인되는 여행의 정신사는 도시로부터 자연으로 떠나는 여행에서 가장 뚜렷이 드러났다. 도시 문명의 세속적 현실에 실망한 사람들은 자연으로 떠나 혹은 명산대천에 숨고, 혹은 강산을 두루 찾기도 하지만, 강보다는 아무래도 명산이 첫손이었다. 명산에는 당연히 절경이 있고, 절경에는 좋은 물이 있게 마련이다. 또한 큰 절[寺]이 어울리고, 이 산사(山寺)라는 경관의 조화가 다시 길손들을 손짓했다. 은둔이나 유람은 자연 속에서 세속의 때를 벗으며, 잃어버릴 뻔했던 자기를 되찾게 한다. 연

기마도 윤두서, 조선 시대, 국립중앙박물관

암 산골짜기에서 박지원(朴趾源)은 담헌 홍대용(洪大容)에게 보낸 편지에, "이제 내가 자연 속으로 도피하니, 산은 높고 물이 깊은데 세상 명예가 무슨 소용이 있겠습니까?"라고 썼다. 이 말은 자연을 찾은 나그네의 자기 확인의 정신을 대변한다 할 만하다.

2

'역려과객(逆旅過客)'이니 '인생은 나그네길'이니 말하지만, 여행이라면 아무래도 떠나는 길이 제격이다. 나그네는 제 고장을 떠난 사람이며, 길을 가는 '길손'이다. 고향으로 돌아오는 사람을 나그네라고는 하지 않는다. 따라서 나그네길은 '떠남의 정신'을 드러낸다. 떠나는 길은 버리고 가는 길이다. 모든 것을 다 버리지 않더라도, 적어도 놓거나 두고 떠난다. 가족도 집도 일도 버리고 떠난다. 대부분의 기행문들이 주로 떠나는 길에 치우치고 돌아옴에 허술한 것도, 여행의 이런 '떠남의 정신'을 대변하는 것이라 할 만하다. 떠남이란 일상성으로부터 벗어남을 뜻하며, 일상성과 비일상성(非日常性)의 세계 사이에서 스스로를 새롭게 구축하는 자기 발견의 길, 혹은 경계인(境界人)이 되는 일이다.

한편, 나그네길이 떠남의 길이라 하더라도, 사나이들에게 있어서는 고향보다 서울이 여행의 원점이 되는 것이 보통이다. 구경도 서울 구경이 첫손이고, '관광'이란 말도 본디는 구경만이 아니고 서울로 과거(科擧) 보러 가는 일을 일컬었다. 옛부터 여행은 특히 사나이 대장부의 평생의 큰 목표로 "임하(林下)에 독서하여 문한(文翰)을 이룬 뒤에, 입신양명하여 치군택민(致君澤民)하고, 그 남은 한 가지는 명산대천을 다 보아야 왈 대장부라"[1] 고 했다. 어찌 사나이뿐일까만은 명산을 다 보는 일이야말로 평생에 할 만한 큰일이라고 일러 왔고, 비록 늘 유람의 길에 오르는 사람이라도 "동쪽을 보면 서쪽을 빠트린 것이 항상 안타깝기 마련이고, 그 가운데서도 사방을 두루 다 구경한 사람은 수천 명 가운데 하나도 되지 못한다"[2]고 했다. 그러나 세계 대여행의 시대를 맞은 지금은 여행이 생애의 중요한 일부가 되었다. 삶의 수단으로 여행이 이렇게 삶의 한 목적으로 바뀌게 된 것이다.

이 유람의 역사에서는 한편 옷깃을 여미게 하는 은둔의 정신에서부터 '놂[遊]'의 정신에 이르는 폭넓은 여행의 정신을 확인할 수 있다. 이는 여행 풍속의 성(聖)과 속(俗)의 두 측면이라고 할 수 있겠으나, '논다'는 것이 곧 여행의 타락을 뜻하는 것은 아니다. 놂의 정신은 물러나 자연과 결합하는 정신이며, 노닐어 현실과의 경계를 유지하는 정신이다. 『삼국사기』나 『삼국유사』에 쓰인 '유(遊)'의 용례를 살핀 연구에서는 이 말이 주로 불교적 성격의 신앙 제례의 목적이거나 달밤과 관련하는 초월적 자유 자재한 성격을 보여준다고 한다.[3]

유람이나 유학을 모두 '논다[遊]'는 말로 써 온 우리의 관습도 이런 정신에서 멀지 않을 것이다. 혹은 '무위(無爲)'에 통하는 정신이며, 한가함의 정신이기도 하다. 그러기에 「유지리산기」 등을 남긴 조귀명(趙龜命)은 "벗과 함께 유람하는 것은 혼자 다니는 것만 못하다"고 하여, 홀로 여행하는 것을 존중했다. 그는 혼자 가면 헐성루(歇惺樓: 금강산 정양사에 있는 누각)라도 흥이 다하면 일어날 수 있고, 흥이 다하지 않으면 이름 없는 수석에서도 마냥 즐기며 돌아오기를 잊을 수 있다고 하

1. 지은이 미상의 「동유가(東遊歌)」 서두.
2. 김지남, 『북정록(北征錄)』 서문.
3. 이연숙, 「한국 고대 문헌에 나타난 '遊'의 개념」 발표 요지.

였다. 혹은 선유(善遊)로 사마천(司馬遷)을 본받는다고 한 것은 그가 스무 살에 천하를 노닐었다는 사실보다 열 살에 벌써 옛 글을 외웠다는 '쌓음[蓄積]'의 과정이 있었기에 큰 깨달음[大覺]의 즐거움을 얻은 것이라고 했다.

이러한 놂의 정신은 후대로 내려올수록 장자의 「소요유(逍遙遊)」의 정신에 맞닿아 있고, 물이나 바람처럼 쌓인 다음에야 옮길 수 있다는 정신을 중시했다고 보인다.[4] 전국에 널린 산사(山寺)와 누각과 정자가 모두·유람자들의 놂의 터전이며 자취이다. 길손들은 산천을 찾아 산사와 물가의 정자에서 쉬며 흐려진 정신을 치유하고 세상의 슬픔과 괴로움을 추스리는 친구로 의원으로 삼았다. 그래서 자연과 더불어 사귀고, 자연에서 배우며, 자연을 노래하고, 학문을 논하며 가단(歌壇)을 이루기도 했다. 이 놂의 정신이 여행의 정신인 동시에 또한 문학과 예술의 정신이기도 했다.

3

고향이나 서울을 떠나야 하는 나그네길에서 빼놓을 수 없는 것이 귀양길이다. 이 유배의 길이야말로 감옥으로 가는 여행길이요, 다시 돌아오기를 기약할 수 없는 나그네길이다. 문인 정치 사회에서의 죽음을 뜻하는 길이었다. 그러나 조선 시대의 소신 있는 문민 정치가는 이 귀양길을 두려워하지 않았고, 유배지에서 죽어간 넋 또한 이루 헤아릴 수

4. 김창흡, 「명악록후서(溟岳錄後序)」.

매월당 김시습

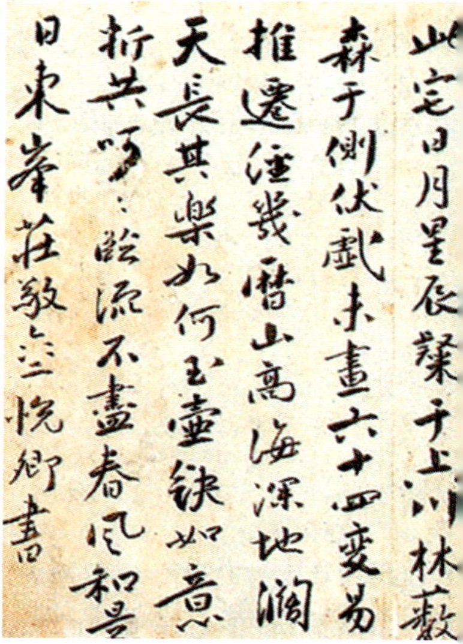

김시습의 글씨

없이 많았다. 이 나그네길의 귀착지가 바로 험준한 산곡(山谷)이나 절도(絕島)이게 마련이었다. 그럼에도 굽힘 없는 소신의 소유자들은 이 길을 떠남에 주저하지 않았고, 신원(伸寃)의 날을 기다리며 혹은 죽어가며 수없이 많은 유배기를 남겼다.

방랑과 표박(漂泊)의 정신은 문명 사회의 여행 가운데서도 개인적 여행의 특징을 지닌다. 이상과 현실 사이에 고뇌하는 자유 혼은 자주 방랑의 길손이 된다. 일찍이 조선 초의 김시습(金時習)은 방외인(方外人)으로 방랑의 길손으로 이름났고, 제가잡술(諸家雜術)에 모두 통했던 이지함(李芝菡, 1517~1578)은 성리학을 배우라는 친구인 이율곡(李栗谷)

의 권고에도 "욕심이 많아 이것에만 만족할 수 없다"며, 매이는 데 없이 방랑하여 나라 안에 그의 발길이 닿지 않은 곳이 없었다고 한다. 고산자(古山子) 김정호(?~1864))는 독학으로 조선 지도를 그려, 방랑 30년에 그가 펴낸 『대동지지(大東地誌)』 32권 15책은 나라에서 펴낸 『동국여지승람』의 착오를 고쳐냈다. 그는 5만분의 1 지도와 비길 상세한 판각을 만들었으나 나라의 기밀을 누설했다는 죄로 감옥에서 죽었다. 이 밖에도 최양업(崔良業)처럼 선교를 위해 길에서 살다 길에서 죽은 사람도 있었다. 조선 말기의 김병연(金炳淵)은 방랑 시인 김삿갓으로 그 이름이 알려져 있다.

이런 방랑의 길손들은 현실을 버리지 않을 수 없을 만큼 이상에 불탔고, 세속과 이상의 경계에 선 만큼 현실 비판의 풍자 정신에 투철한 나그네들이었다. 이처럼 정착할 수 없는 자유 혼의 표박의 정신은 김동인의 「역마(驛馬)」와 같은 단편 작품으로 그려지기도 했다. 이들 방랑의 길손들에게서는 이중환(李重煥, 1690~?)의 『택리지(擇里志)』에서처럼 단순한 풍수지리가 아닌 살 만한 곳[可居地]의 실학적 이상이 보이고, 서민 광대나 유랑하는 사당패들의 표박의 문학이 판소리와 탈춤과 인형극을 통하여 동시대의 문명을 희화(戲化)하고, 이 웃음 속에서 오히려 풍자성을 강화했다.

4

길은 여행의 가장 중요한 수단이면서 그 자체가 바로 여행의 뜻이기도 했다. 낯선 길과 길가의 풍물과 인정이 모두 여행자의 즐거움이다. 지도는 길을 선으로 나타낸 대표적인 지리 개념이다. 한국의 길이 일찍부터 남북으로 통하여 발달한 것은 국토의 지형적 결과일 것이지만, 중

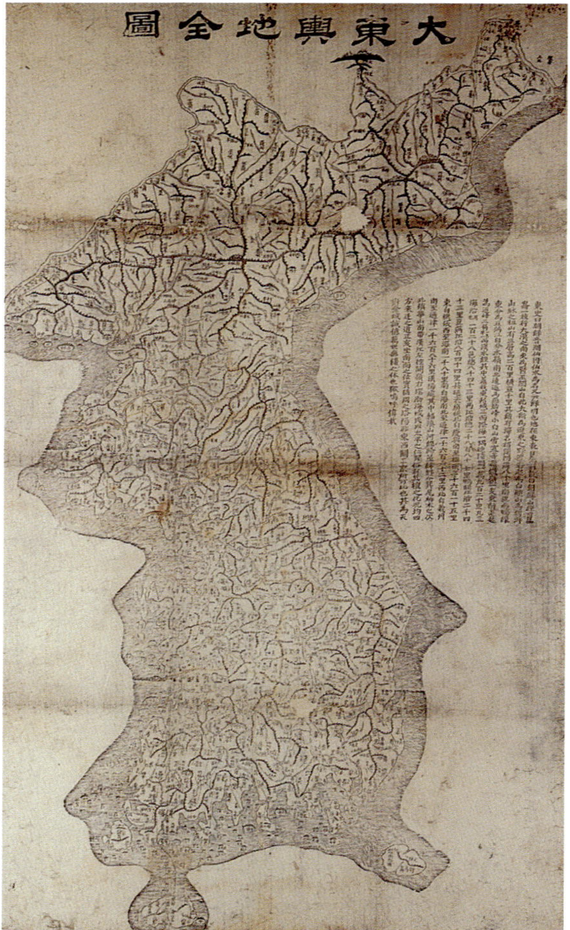

대동여지전도 김정호, 조선 시대, 성신여대박물관

국과 일본을 내왕하며 의주(義州)와 부산(釜山)을 잇는 남북의 대각선은 그렇게 발달한 큰 길이다. 이 남북의 일직선 위에 평양과 개성과 한양, 그리고 경주 등 각 시대 각 나라의 서울이 번창하였다. 이것은 한국 역사와 생활의 대동맥인 동시에, 한국 나그네길의 동맥이기도 하였다. 인도로 떠난 순례의 행렬로부터 중국과 일본으로 내왕하는 사절이며, 외국의 사절들이 또한 주로 이 길을 걸었다. 모든 명승고적들이 이 길가에 널려 있으며, 이것이 또한 나그네들의 발길을 끌었다. 이밖에 서해와 남해의 바닷길 또한 대동맥으로 이어졌다.

그러나 산천의 유람은 남쪽에 치우치고 혹은 금강산이 있는 관동 지방에 치우친, 이른바 '십승지(十勝地)'라는 것이 모두 국토 남부에 있었다. 최남선(崔南善)은 이를 가리켜 '남조선 사상'이라고 부르기도 했는데, 『정감록(鄭鑑錄)』과 『택리지(擇里志)』를 중시하는 풍수지리적 사고도 이와 관련된 것이다. 백두산으로부터 금강산과 한라산에 이르는 한국의 명산들은 이 동맥에서 떨어져 있는데, 그러기에 길손들로부터 더욱 사랑받는 신앙의 대상이기도 하였으리라. 남북으로 발달한 한국 여행길 중에서도 관동으로 통하여 동서로 뻗은 굽이길이 금강산으로 향해 있다. 조선 기행 가사 35편 가운데서 12편이 관동에 대한 것이라는 보고도 이 유람길의 역사를 증언한다.[5]

5

한국의 여행 문화가 남성의 뜻을 중히 여겨 왔다 하더라도, 여행이 남자들의 전유물이 아니었음은 말할 나위도 없다. 여인네들 또한 꽃전

5. 최강현, 『한국기행문학연구』.

놀이와 사찰 순례 등으로 심심찮게 여행을 즐겼다. 여인네들의 여행은 흔히 '나들이'로 불리었고, '근친(覲親)'이라는 친정 나들이가 그들의 비길 데 없는 기쁨이었다. 그러나 신라 사뇌가의 한 편인 「헌화가(獻花歌)」나 조선조 의령 남씨(宜寧 南氏)의 『관북유람일기(關北遊覽日記)』, 14세에 남장(男裝)을 하고 조선 후기의 강산을 누빈 김금원(金錦園)의 『호동서낙기(湖東西洛記)』와 같은 먼 여행의 기행 작품도 없지 않았다.

사찰 순례에서도 초파일 같은 때에 여러 절을 돌면 한 해가 무사하다고 하였는데, 남은 기록이 극히 적지만 이것은 여성 여행의 한 풍속사를 이룬다. 혹 몸소 나그네길에 오르지 못하더라도, 남정네들의 떠나는 길 뒤에 감추어진 여인들의 여행의 추체험(追體驗)은 작은 것이 아니었다. 특히 수많은 한글 기행문은 어머니와 여인들에게 바쳐진 여행 보고서였다. 사행이나 과거와 같은 공사(公私)의 여행에는 으레 노래와 춤으로 이들을 보내고 눈물로 맞이했다. 여기서 음주가무가 발달하고, 사대부와 기녀의 창화(唱和)가 번성했다. 남녀간 사랑의 꽃이 피기도 하였고, 이별의 아픔이 노래로 불려지기도 했다. 한국 여행의 정신사는 여성들의 사랑과 애환의 정신사이기도 했다.

6

일찍부터 시문(詩文)에 능한 이는 강산의 도움이 많다고 일러 왔다. 한국 문학에서도 비상하게 발달한 기행 문학은 비상하게 아름다운 이 나라 강산의 도움이며, 이것은 여행의 정신사를 가장 뚜렷이 증언한다. 일찍이 혜초의 『왕오천축국전』을 비롯한 외국 여행기들은 순례기 · 연행록 · 해행록(海行錄) · 표해록 · 포로 일기 등으로 산처럼 쌓여 있다. 이것은 우리의 해외 체험의 역사요, 풍속사이며 문학사인 동시에, 우리

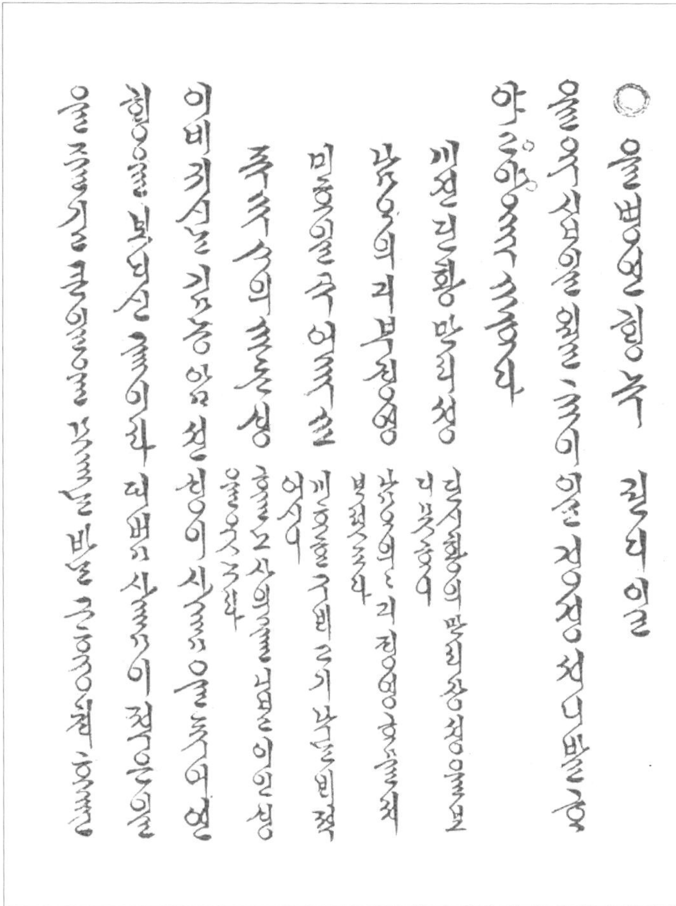

을병연행록

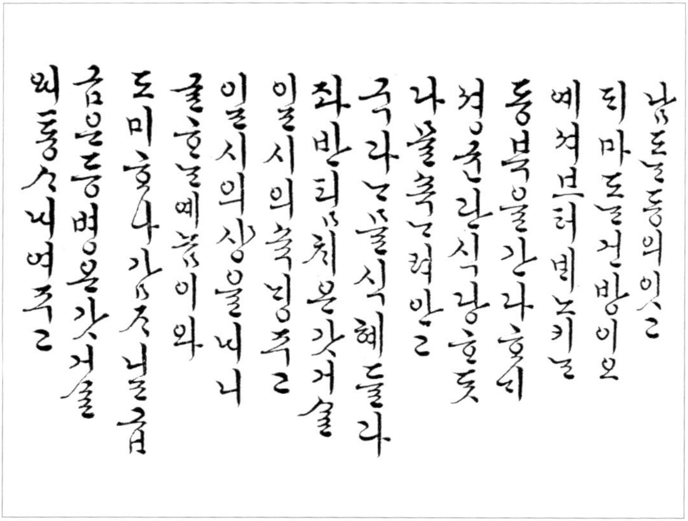

일동장유가

여행의 정신사다.

국내 여행에서 이런 『동국여지승람』 등에 첩첩이 쌓인 기행 시가들에서부터 유람기, 기행 가사, 여행 일기 등은 이루 헤아릴 수 없이 많다. 이 기록들은 아직도 거의 정리되지 못한 채 우리 역사와 문학의 처녀지로 남아 있다. 앞 시대의 기행문이 주로 시가로 노래된 것은 경관과 여행의 체험에 대한 영탄과 관조의 정신을 나타낸 것이리라. 그러나 조선 후기로 오면 관찰과 보고의 문체로써 기행 문학의 성격을 일변시키고 있다. 이것은 변천하는 시대를 드러내고 여행에서도 실학의 정신이 확인됨을 뜻한다.

그러나 경관으로서 국토가 종교와 철학의 정신으로 존중된 역사 또한 그침이 없었다. 이것은 외적의 침략과 같은 민족적 위기에 더욱 뚜렷이 나타난 여행의 정신이었다. 특히 조선 말기와 일제 식민지 시대에는 국토의 순례가 바로 종교요 철학이었다.[6] 최남선은 『심춘순례(審春巡禮)』의 머리말에 이런 정신을 가장 걸맞게 말해 주고 있다.

> "조선의 국토는 산하 그대로 조선의 역사이며 철학이며 시대정신이다."

이것은 나라를 잃은 국민들에게 조국의 산하가 역사요, 철학이며 시였음을 말해 주는 것이다. 이렇게 한국의 여행의 정신은 시대의 변화의 정신을 대변하고, 여행에 오른 경계인들은 개혁의 정신을 지도하여 오늘에 이른 것이다. 그러나 '떠남의 정신'이며, '놂의 정신'이며, '한가함의 정신' 으로서 한국 여행의 정신사는 그 빛을 잃어가고 있음이 또한 사실이다.

6. 김윤식, 「역사, 철학, 詩로서의 산하」, 『수필문학』 62호.

제1장

순례의 기행 문학

1. 혜초의 『왕오천축국전』

2. 민영규의 『예루살렘 입성기』

천산산맥
파미르
쿠차
언기
돈황
오대산
토카리스탄
와칸
카슈가르
니샤푸르
치트랄
람파카
우디아나
바미얀
파사
자불리스탄
카피시
간다라
카슈미르
신드구르자라
잘란다라
탁샤르
난주
장안
히말라야산맥
명주
알로르
서천축
카나쿱자
쿠시나가라
왕사성
중천축
바라나시
갠지즈강
마하보디
동천축
광주
아라비아해
남중국해
나시크
남천축
뱅골만
실제노
예상노
예상노

혜초의 서역 기행 노정도

1. 혜초의 『왕오천축국전』

고구려 · 신라 · 백제 · 가야의 시대에는 불교가 수입되면서 중국과 인도로 여행한 스님들이 적지 않았다. 그 가운데서도 기록으로 남아 전하는 것으로는 신라의 스님들이 많은데, 『삼국유사』에 따르면 인도로 간 신라의 구법승으로는 석아리나(釋阿離那)를 비롯하여 혜업(惠業) · 현태(玄泰) · 구본(求本) · 현각(玄恪) · 혜륜(惠輪) · 현유(玄遊)와 또 이름이 알려지지 않은 두 법사 등 17여 명이 있다. 그 가운데에 기행문을 써서 자신의 여행의 모습을 전해 주고 있는 보기로는 오직 혜초(慧超)의 『왕오천축국전(往五天竺國傳)』이 있을 뿐이지만, 이와 같이 스님들은 중국을 제집 드나들 듯하던 국제인이었다.

혜초(774~787)는 나이 16세인 719년(성덕왕 18)에 중국 광주(廣州)에서 인도 스님 금강지(金剛智)를 만나 가르침을 받다가, 723년경 인도의 오천축국을 순례 여행하고 727년 11월 당나라로 돌아왔다. 배를 타고 남중국해를 돌아 인도 동부로 들어가서, 석가가 입적한 구시나국과 남쪽의 파라나시국, 왕사성(王舍城)과 다시 더 남쪽의 부다가야와 중천축국 · 남천축국 · 서천축국 · 북천축국을 두루 여행하고 아프가니스탄과 페르시아를 거쳐 당나라로 돌아왔다. 실로 4년여에 걸친 세월을 걸어서 순례의 고행을 한 것이다.

순례란 종교의 발상지나 본산을 찾는 종교적 목적의 여행이다. 순례

산적에게 놀란 상인들 돈황 45호, 8세기

자는 성인의 묘지나 거주지를 찾아 참배하며, 이것은 시행(視行)이요, 수행(修行)이며 또 고행(苦行)이기도 했다. 이것은 개인적 성찰의 여행으로, 삶의 수단으로 발달한 여행이 이제 목적으로 바뀐 것이다. 일연(一然)이 『삼국유사』에 인도로 간 스님들은 거의 다 고국으로 돌아오지 못했다고 썼듯이, 인도 여행 자체가 당시에는 죽음을 뜻하는 고행이었다. 불타가 처음 설법한 파라나시국(Varanasi)에 다다른 혜초는 스스로의 소원으로 이곳에 이른 기쁨을 오언시(五言詩)로 읊었다.

보리수가 멀다고 근심하지 않는데
어찌 녹야원이 멀리요
다만 매달린 듯 험한 길을 걱정할 뿐
이미 휘몰아치는 바람도 생각지 않는다
여덟 탑은 참으로 보기 어려우니
어지러이 오랜 세월에 타버렸도다
어떻게 그 사람의 소원이 이루어질까
눈으로 목도함이 오늘 아침에 있도다

그리고 인도 땅에 든 지 한 달 만에 두 번째 성지로 석가가 열반에 든 동천축국의 구시나국에 이르렀고, 이곳에 이른 순례자는 기쁜 마음으로 노래를 불렀다. 그로부터 반 달쯤 걸려 중천축국에 이르고, 다시 남쪽으로 석 달을 걸어 남천축국인 지금의 나식(那色, Nasik) 근방에 이르렀는데, 이 여행길은 순례길의 고승으로서도 참기 어려운 향수를 불러일으켰다.

달 밝은 밤에 고향길을 바라보니	月夜瞻鄉路
뜬구름 너울너울 고향으로 돌아가네	浮雲颯颯歸
편지를 봉해 구름 편에 보내려 하나	緘書參去便
바람이 급해 내 말을 들으려고 하지 않네	風急不聽廻

머나먼 타국 험한 순례길의 달 밝은 밤에, 순례자의 시구는 '향로(鄉路)'요 '운귀(雲歸)'요 '아국(我國)'이었고, 편지라도 전해 줄 기러기였다. 북천축국에 이르러 중국 순례승의 죽음을 조상하며 쓴 사운시(四韻

돈황 천불동 『왕오천축국전』을 발굴한 탐험대가 찍은 사진.

펠리오 일행이 장경동에서 빼낸 두루마리들 혜초의 책도 그 가운데 하나였다.

詩)에서도 '고향 가는 길[歸國路]'과 부질없는 '흰 구름[白雲]'과 '돌아감[歸]'을 시어로 삼았다. 그리고 아프가니스탄의 국경 지대에서 서번(西番)으로 가는 중국 사신을 만났을 때에도 그는 오언시를 써서 "동방으로 가는 길이 먼 것[東路長]"을 한탄했다. 이때 찬바람은 땅이 갈라지도록 매서웠고, 강물이 낭떠러지를 갉아 먹는 험한 길을 따라 그는 파미르 고원을 넘어야 했다. 그러면서 그 때까지 눈물 한번 흘려 본 적이 없던 그가, 그 날만은 고향을 생각하며 천 줄기 눈물을 뿌린다고 읊었다.

이 기록만 남아 있을 뿐이지만, 인도까지의 순례 여행은 수많은 스님들이 목숨을 바친 험난한 여행이었음을 혜초가 산 증인으로 증언하고 있는 것이다. 혜초는 중국과 인도의 오천축국을 4년여 동안 여행하고, 727년 당나라의 서울 장안(長安)으로 돌아와 이 여행기를 남겼다. 이런 점에서 그의 여행기는 우리 기행 문학의 개막 시대를 증언한다고 할 수 있다. 문학적 향기나 정밀한 서술성은 부족할 수도 있지만 이 기행문은 바닷길로 인도에 들어왔다가 성지 순례를 마치고 육로로 돌아온 해외 체험을 기록한 보기 드문 자료임에 틀림없다.

혜초보다도 6~70년 전에 신라를 대표하는 스님인 의상(義湘)과 원효(元曉)가 당나라 유학을 시도하였고, 의상의 10년 동안의 당나라 유학 체험은, 그것이 비록 기행문 형식은 아니더라도 화엄종이라는 종교적 씨앗으로 이 땅에 뚜렷이 남아 있다. 이밖에도 신라 말기까지는 불교의 순례자와 학승들, 그리고 당나라 유학생과 중국 파견 사절들에 이르는 수많은 외국 체험의 발자취를 확인할 수 있다. 일연은 불교의 전래와 우리 고승들의 인도와 중국 왕래를 기려, "동국과 인도가 한세상이 되었구나(東護西乾共一天)"라고 노래한 바 있다. 『삼국유사』에는 이런 찬시가 있다.

머나먼 천축의 만첩 산으로 天竺天遙萬疊山
애써 오른 가련한 유사(遊士)들이여 可憐遊士力登攀
외로운 배는 몇 번이나 떠나갔건만 幾回月送孤帆去
한 사람도 돌아오는 것을 보지 못하였구나 未見雲隨一杖還

순례는 종교적 수행의 제일 방법으로서, 그렇기 때문에 강호를 두루 다니거나 산거(山居)를 하는 것이 모두가 선(禪)을 익히는 공부인 것이다. 신라와 고려 시대는 물론 역대 큰스님들의 순례의 선시(禪詩)를 다 살필 겨를이 없거니와, 고려 말 나옹화상(懶翁和尙)의 「백납가(百納歌)」 한 수가 인상 깊다.

깃털처럼 해진 옷 앙상한 지팡이
천하를 횡행해도 통하지 않는 곳 없다
강호를 두루 돌아 무엇 하려나
원래가 단지 가난 배우려는 거지

나옹은 남쪽으로 길을 떠나 여주의 신륵사에서 입적했으니, 그의 시가 선시로서 더욱 절절하다.

2. 민영규의 『예루살렘 입성기』

이 글은 동양사학자이자 불교 사학자이며 서지학자인 민영규(閔泳珪)의 예루살렘 여행기이다. 이 글은 역사학자의 학문적 답사의 성격이 강하지만, 그 여행의 발길이 대표적 성지에 이르렀을 뿐 아니라, 인도로 이어지고 있다는 점에서 훌륭한 순례의 기록이다. 또 동서양과 여러 종교를 넘나드는 해박한 지식과 뛰어난 문체로 현대인의 성지 순례기의 교과서적 작품이라 할 만하다.

지은이는 1964년 2월 17일부터 23일까지 예루살렘을 여행하고 쓴 기행문과 함께, '사해(死海) 문서의 쿰란 유적을 찾아' 쓴 글들과 이 글에 대한 신학자들과의 논쟁을 함께 정리하여 흥미를 더한다. 이 순례기는 지은이가 여행에서 돌아온 지 1년이 훨씬 지난 후부터 쓰기 시작해서 2년에 걸쳐 『연세춘추』에 연재되었는데 농익은 여행 체험과 학문적 조예로 여행기의 모범이라 할 만하다.

지은이는 한동안 유럽에 머물다가 귀국하는 길에 중동의 나라들과 남아시아의 인도를 거쳐 귀국한다는 여정을 잡고 아시아 여행의 첫 기착지로 에게 바다를 건너 베이루트에 도착하였다. 베이루트는 지중해에 면한 유일한 자유 무역항인 중동 · 근동의 항만 도시로서, 그는 이곳에서 인도의 오지를 여행하는 데 필요한 여러 가지 장비를 구입하였다. 그는 실제로 이곳에서 여행 복장과 신발, "서너 홉들이 물병, 상처와 설

사해문서가 나온 쿰란 유적

사에 필요한 약품, 지남철, 그리고 다른 무엇보다도 중요한 각종 필름과 부속품들"을 장만하느라고 "한 사람의 여객에게 허용된 중량의 한계를 착실히 넘기고 말았다"고 한다. 1960년대라면 아직 국제적으로 여행할 수 있는 조건이 좋지 않은 때로, 특히 중동과 인도로 향한 동방 순례자의 마음씀이 가장 잘 나타난 대목이라 할 수 있다.

베이루트에서 예루살렘으로 날아간 그는 예루살렘의 시내 유적과 유태 광야와 요단강 물가는 물론, 사해문서(死海文書)의 쿰란 유적 답사기를 함께 정리해 주고 있다. 6일 간의 이 성지 순례 일정을 특히 112시간 30분이라고 표현한 데서도 알 수 있듯이, 그는 이 기록을 일기 형식이 아닌 성서 고고학으로 재구성해 보여준다. 여행자가 찾은 6일 전쟁

전야의 예루살렘은 낯선 동방의 역사학자를 맞은 날의 날씨처럼 음산하게 가라앉아 있었다. 그러나 독자와 성서 신학자를 함께 감동시키는 그의 해박한 문체는 이 가라앉은 예루살렘의 모든 지소(地所)들을 먼저 성서의 시대로 환원시켜 독자로 하여금 과거와 현재를 오가는 역사 여행으로 인도한다.

그는 처음 밟는 성지라고 하여 안내자를 따라다니며 마냥 감탄하는 숱한 순례자 중의 한 사람이 아니었다. 그는 「누가복음」과 「사도행전」이 이 고장의 지형을 모르는 사람에 의해 씌어졌다는 것을 간파한다. 「누가복음」 1장에는 나사렛 처녀 마리아가 사가랴의 아내 엘리사벳을 만나러 유태 동네를 마실 다니듯 오가는 것으로 되어 있다. 그러나 이 길은 걸어서 일 주일이 넘게 걸리는 거리고, 언제 어디서 도둑떼를 만날지 알 수 없는 산길이며, 평생에 한 번 갈까 말까 한 지역이라는 것이다. 또 「사도행전」 1장과 「누가복음」 19장에 나오는 올리브산(감람원)에 대한 기술도 필자가 실제 지형을 모르고 쓴 글이라고 지적했다. 성서 기술자는 예수가 "(올리브산에서) 가까이 오사 성을 보시고 우시며……"라고 했는데, 산에서 기드론 계곡까지 상당한 지점을 내려와도 성전이 보이지 않는다고 했다. 사각(死角)이기 때문이다. 올리브산에서 성전을 바라보자면 "가까이 와서"가 아니고 산마루 쪽으로 더 올라가야 한다는 것이다.

예루살렘을 떠나 유태 광야를 거쳐 요단강 주변을 방황하는 동안, 지은이는 그 거리가 멀어질수록 반비례해서 생명체의 유지에 위협을 가하는 가혹한 자연 조건을 체험하였다. 그곳은 지평선을 연상시키는 광야가 아니라 잠시도 마음 놓을 수 없는 험악한 벼랑의 연속이기 때문이다. 이것이야말로 유태 광야가 유일신과 마귀의 세계에서 갖는 의미라는 것이다. (여기서 지은이는 잠시 우리 나라가 조상에게서 물려받은

요단강 상류

아름다운 자연의 혜택에 감사하고, 어머니의 품속과 같은 우리의 자연 환경을 새삼 되살리고 있다.) 지은이는 이스라엘의 자연 환경에 대한 심각한 체험 위에서, 광야(벼랑)의 생활, 에센파 수도원에서 인도의 고행자를 생각해 내고, 「누가복음」의 '탕자의 비유'에서는 영락없는 『법화경』의 '궁자(窮子)의 비유'를 찾아 두 종교 사이의 교류의 가능성을 강하게 제시하고 있다.

드디어 지은이는 최초의 복음서인 「마가복음」에 기록이 없다는 사실을 들어 예수의 시대에 그의 제자들에게서조차 예수 탄생의 문제가 화제에 오른 바 없었을 것이라는 사실을 제기하기에 이른다. 그는 예수와

통곡의 벽

어머니 마리아의 사이가 불행했음을 지적하고, 성모마리아에게서 영원한 것을 찾으려는 노력은 예수의 부활과 승천의 문제와 함께 마태에게서 시작되고 있다는 사실을 천착하고 있다. 그는 E. 르낭의 『예수의 생애』(1863)나 슈바이처의 『예수전 연구의 역사』(1913) 등의 문헌 고증을 곁들이면서, 결국 그 순례의 여정에서 예수의 행적을 방불하게 더듬고 있는 것이며, 이런 순례기를 남길 수 있었다. 순례자의 발길은 다시 테헤란을 거쳐 인도로 이어졌지만, 그의 순례의 여행기는 이 『예루살렘입성기』의 고별의 기록으로 그치고 있다. 그는 한 달 예정의 인도 순례를 건강상의 이유로 3주만에 끝내고 있다.

제2장

유람의 기행 문학

1. 『동국여지승람』의 문학 지리

2. 기행 문학과 누정

3. 유산기

4. 남효온의 「유금강산기」

5. 김금원의 『호동서낙기』

6. 유길준의 『서유견문』

임정초각도 강세황, 조선 시대, 이화여자대학교박물관

1. 『동국여지승람』의 문학 지리

『동국여지승람』은 한국의 지리와 시문을 결합해 놓은 가장 방대한 본격적인 인문 지리서이며, 기행 시문집이라고 할 수 있다. 세종 · 세조 · 성종조에 걸치는 조선의 15세기는 새로운 민족 문화에 대한 자각과 부흥의 시대였는데, 특히 성종의 치세에 이르러 우리 나라 역대의 시문집인 『동문선(東文選)』(1478)과 같은 해에 완성을 본 『팔도지리지(八道地理志)』를 합쳐서 55권이란 방대한 분량의 『동국여지승람』을 펴냈고, 그 뒤에 계속 증보 신증(增補新增)하였다.

『동국여지승람』은 두 번에 걸쳐 편찬되었는데, 서거정(徐居正)의 서문에 따르면, 임금이 시와 문을 지지(地誌)에 넣도록 명한 사실과 함께, 특히 시와 지리를 결합해서 한 책을 만든 뜻을 밝히고 있다. 곧 누대(樓臺)는 때를 따라 놀며 사신을 접대하는 곳이고, 원우(院宇)는 여행자를 쉬게 하고 도적을 금하는 곳이다. 그리고 제영(題詠)으로 물상을 읊조리며 왕화(王化)를 노래하여 칭송하는 것은 실로 시와 문밖에 없다고 하였다. 이로 보면, 왕권을 선양하고 집권층의 지위를 드러내고자 하는 공리적인 편찬 목적에도 불구하고, 문학사적 관심에서 특히 국토의 자연 경관과 기행을 노래한 시문이 선택되었다는 점에서 설화나 야담, 불교 연기담(緣起談) 등 각종의 민담집과 민속지(民俗誌)의 성격과 함께, 그 자체로서 중요한 문학 지리서로 주목된다.

이 책에는 신라의 대표적 문학자 최치원(崔致遠)으로부터 이 책이 편찬되던 때의 서거정 · 양성지에 이르기까지 580여 명의 역대 시인 묵객(詩人墨客)의 대표적인 기행 시문을 지리에 곁들이고 있다. 여기에는 한시가 주종을 이루고, 누정기문(樓亭記文)이 적지 않게 끼어 있다. 이 가운데 특히 가장 많은 시문을 남긴 사람이 고려의 김극기(221수)와 서거정(228수)으로, 인용된 기행시가 200수를 넘고, 이색(126수)과 이규보(86수) 등에 이어 조선조 문인으로는 김종직(79수) · 성임(67수) 등이 가장 높은 평가를 받았다. 이것은 특히 이들이 당대의 대표적 문인이면서 동시에 자연시나 기행 문학의 대가들이라는 뜻이 된다.

2. 기행 문학과 누정

『동국여지승람』에는 '누정'이란 항목에서 가장 많은 기행시와 누정 기문을 정리해 주고 있다. 누정은 누각과 정자의 약칭으로, 여기에는 누각과 정자 외에도 관(館)·헌(軒)·대(臺)·각(閣)들을 모두 포함하고 있다. 누정은 남성 위주의 공간으로, 자연을 감상하고 시를 즐기는 풍류의 명소였다. 그래서 사람이 모이고 시가 만들어졌으며, 누정 자체가 또한 시의 대상이며, 또한 역대의 시인 묵객을 묶어 주는 문학의 산실이었다. 『신증동국여지승람』의 국역본에서 정리된 누정의 숫자는 885동인데, 어느 누정에나 그곳에는 누정기가 있고 누정시가 있다. 이 시들은 대개 유명한 문인들이 지었고, 그곳을 여행하는 문인들은 또한 이 시에 차운하여 다시 시를 지었다.

『동국여지승람』에는 조선 초기의 문인 정치가 서거정의 누정기(樓亭記)가 30편 넘게 전해지고 있는데, 이것은 그가 26년 간이나 문병(文柄)을 잡았던 문인이므로 그의 기문을 받아 걸어 누정을 빛내려는 풍습이었음을 이해할 수 있다. 서거정이 특히 누정을 중시한 것은 누정이 다만 아름다운 것을 보고 놀기 위한 곳만이 아니라 왕인(王人: 왕의 명을 받들고 온 사람)을 존경하고 손님을 대접하며 때의 형편을 살피는 데 뜻이 있었기 때문이다. 그는 군자가 쉬고 노는 장소를 높고 밝은 곳에 두는 이유는 기상을 펴고 뜻을 높이는 데에 있다고 하였다. 따라서

촉석루와 응향정 필자 미상, 조선 후기, 서울대학교박물관

누각이야말로 정치의 수단이 되는 곳이라고 하면서, 지방에 가서 누정과 객관을 보면 그 고을의 정치를 알 수 있다고 했다.[6]

또 그는 누각에 오르면 번거로운 마음이 씻기고 막힌 생각이 밝아지며, 산을 보면 어짊[仁]을 체득할 수 있고 물을 보면 지혜를 기를 수 있다고 했다. 무릇 눈에 보이고 귀에 들리는 천지 만물의 어느 것 하나라도 천성을 기르는 데 도움을 주지 않는 것이 없다고 하였다.[7] 그의 누정 기문에서는 그래서 언제나 누정을 세우고 중수(重修)한 사람의 인격을 반드시 함께 논했다. 누정이 이렇게 중요시된 것은 그것이 경관 감상의 본질이 되기 때문이다. '관동팔경'에는 6곳이 누정으로 되어 있고, '관서팔경'에는 일곱이 누정인 것만 보아도 누정이 풍경을 대표하는 이름임을 알 수 있다.

1978년 진주시 공보실에서 낸 촉석루 시집에는 촉석루를 노래한 시가 400편이 넘으며, 1918년에 세운 광주(光州)의 연파정(蓮波亭)에서 지어진 시도 400편을 웃돈다고 한다. 이처럼 누정이야말로 기행 시문의 산실이며, 또한 시단(詩壇)과 가단(歌壇)의 온상이었다. 여기서는 한시 문학만이 아니고 기행 가사와 시조 등 국문 시가도 지어지고 국문 가단도 융성하였다.[8]

6. 「開寧同樂堂記」, 『신증동국여지승람』, 권4.
7. 「全州供北亭記」, 『신중동국여지승람』, 권4.
8. 丁益燮, 『湖南歌壇研究』.

양양부 지도 규장각

3. 유산기

유산기(遊山記)는 유람하며 지은 글 유기[遊記] 가운데 산을 오르거나 유람하는 내용의 산문 작품이다. 사대부들의 유람의 기록은 일찍이 고려의 이곡(李穀)의 「동유기(東遊記)」(1349), 이규보(李奎報)의 「남행일월기(南行日月記)」 등이 있고, '유기'는 1243년에 진정국사(眞靜國師)의 「유사불산기(遊四佛山記)」가 발견된 바 있다. 그러나 산행의 체험을 글로 기록한다는 적극적인 의식이 두드러진 것은 조선조에 들어와서 본격적으로 나타났고, 유산기는 1471년 김종직(金宗直)의 「유두유록(遊頭流錄)」 이후에 두드러진 산문 양식이다. 여말 · 선초에 이르러 이런 산문 양식이 이룩될 수 있었던 것은 이들이 성리학을 받아들이면서 가지게 된 대자연관에서 실마리를 찾을 수 있고, 또 세종조부터 계속된 지리지(地理志)의 편찬을 들 수 있다

유산기는 조선조를 통틀어 560여 편이 남아 전하지만, 이런 산문 장르가 이룩되고 정착된 17세기 전반까지 나온 60여 편의 작품에 주목하면 금강산 유산기가 8편, 지리산 유산기가 12편을 차지한다.[9] 이로써 고려 때부터 활발하게 유람했던 금강산 외에도 새로 지리산이나 청량산이 유산의 대상으로 떠오르고 있음에 주목할 필요가 있다. 관동의 명

9. 이혜순 외 『조선 중기의 유산기 문학』, 1997.

김시습이 머물렀던 오세암

산인 설악산(雪嶽山)은 신라 때부터 그 이름이 알려져 왔으나 관서에서는 한계산(寒溪山)이라고 따로 불렀다. 조선 초기의 명사 김시습(金時習)이 이곳에 유람하면서 「유관서록(遊關西錄)」을 남겼는데 산을 평하는 글에 세 명산을 비교하여 말한 이런 문구가 있다.

> 금강산은 수려하기는 하나 웅장하지 못하고, 지리산은 웅장하기는 하나 수려하지 못하다. 이에 비해서 설악산은 수려한데다 웅장하다(金剛秀而不雄, 智異雄而不秀, 雪嶽秀而雄).

아마도 김시습에게 어울릴 평이다. 실제로 원통의 백담사 계곡으로 오르는 1,710m의 내설악은 산이 높고 물이 깊어 무려 서른여섯 번이나 내를 건너 대청봉에 이르고, 비선대로 내려가는 천불동 계곡은 그 수려함이 금강산의 만물상과 비길 만하다.

금강 전도 정선, 조선 시대, 호암미술관

4. 남효온의 「유금강산기」

추강 남효온(秋江 南孝溫, 1454~1492)은 생육신의 한 사람으로 김종직의 문인답게 15세기의 대표적인 작품이라 할 수 있는 금강산 유기를 남겼다. 그는 조선 성종 16년(1485) 음력 4월 15일 서울을 떠나 소요산(17일) – 연천 – 철원(18일) – 금성 – 신안역(20일) – 화천 – 통천(22일)을 지나 23일 금강산 아래 이르렀다. 그가 금강산에서 산행을 한 일정은, 23일 총석정, 26일 신계사 · 발연동 일대, 27일 적멸암 · 대장봉, 28일 묘길상 · 만폭동 · 표훈사, 29일 망고대, 윤4월 1일 장안사 · 보현암 · 정양사, 2일 원통암 불정대, 3일 유점사 일대, 4일 삼일포 등으로 9일 동안에 걸쳐 금강산 유람을 하고 있다. 그리고 5일부터 8일까지는 온정(溫井)에서 온천을 즐기고 10일까지 이곳에 머물다가 11일에 회정하여 온정을 떠난다.

"총 36일 동안에 산으로 4백85리, 바다로 2백74리, 뭍으로 9백37리의 여행을 하고 이 기행문을 썼다"고 한 데에서도 짐작할 수 있듯이, 그 세세한 묘사는 여행중에 그때그때 꼼꼼히 기록한 일기로 되어 있다. 고려의 문신이며 역사가인 민지(閔漬, 1248~1326)의 「유점기(楡岾記)」와 친구인 동봉 김시습의 기록들을 인용하거나 혹은 신랄하게 비판한 것도 앞사람들의 여행기를 꼼꼼히 읽은 흔적이다. 그는 특히 이 글에서 금강산의 이름과 여러 지명 등에 얽힌 전설 등을 흥미있게 소개해 주고

만폭동 정선, 조선 시대, 서울대박물관

있다. 덧붙여 온정에서 회정하여 고성포에 이르러서는 봄철 민속으로 사흘이나 계속되는 고성 무속제에 대한 흥미있는 보고도 빼놓지 않고 있다.

세조에 대한 실망으로 실의에 빠져 유랑 생활로 삶을 마쳤던 남효온이었던 만큼 그의 금강산 기행은 특기할 만하고, 36일 일정 또한 비교적 여유 있는 기행의 관례를 보여준다. 이것은 고려 때(1349) 금강산을 유람한 이곡(李穀)의 「유동유기(遊東遊記)」나 1802년[壬戌]에 나왔다고 여겨지는 「유동유가(遊東遊歌)」의 36일 일정과도 일치하여 흥미롭다.[10] 특히 남효온은 김시습과 친교가 깊고 「추강냉화(秋江冷話)」·「사우명행록(師友名行錄)」·「귀신론(鬼神論)」 등에서 스스로의 문재와 기일원론적 사상 체계를 잘 드러내 보여주었다.

10. 이상택, 금강산 기행 가사 「유동유가」, 1992.

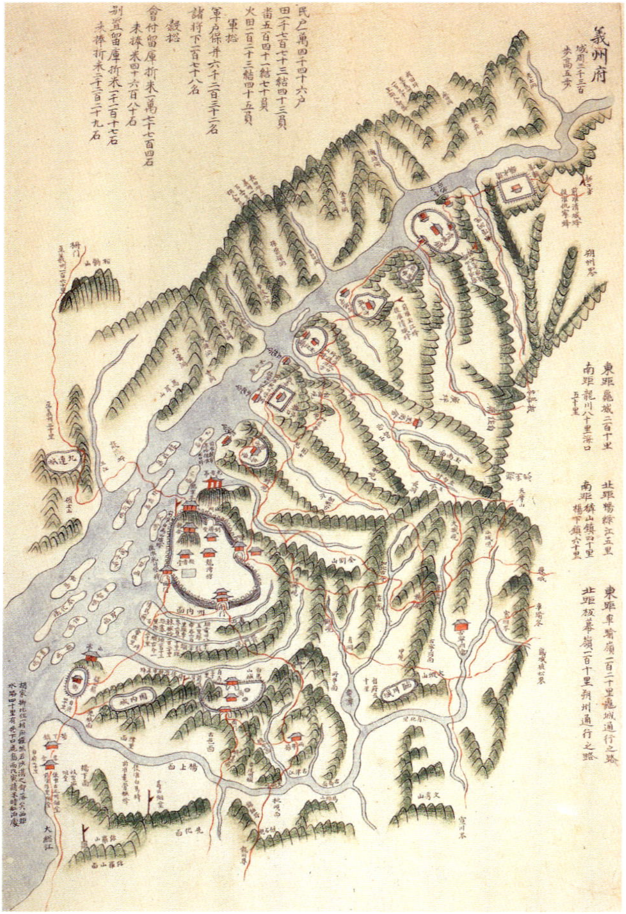
義州府
城周三千三百步高五步
民戶萬四千四十六戶
田一千七百七十三結四十三負
畓五百四十一結七十負
火田一百二十三結四十五負
軍摠
軍戶保并六千二百三十二名
諸將下一百七十八名
穀摠
會付留庫折米一萬七千七百四石
米捧米四十六百八十石
別置留庫折米一千一百十七石
米捧折米二千二百二十九石
東距龜城二百十里
南距龍川八十里海口五十里
北距楊綜江五里
南距積山鎭四十里楊下鎭六十里
東距車輦嶺一百二十里龜城通行之路
北距板幕嶺一百十里朔州通行之路

의주부 규장각

5. 김금원의 『호동서낙기』

조선 후기의 여성 작가로 김금원(金錦園, 1817~?)의 『호동서낙기(湖東西洛記)』는 한국 문학사에서는 드문 여성의 기행문으로 주목할 만한 명문이다. 김금원은 시랑(侍郎) 김덕희(金德熙)의 소실로 원주 사람이다. 14세 때 남장(男裝)을 하고 제천을 거쳐 동으로 금강산까지 여행하고, 결혼한 뒤에 의주 부윤(義州府尹)이 된 남편을 따라 서쪽으로 여행한 후, 서울로 돌아와 용산[洛]에 거하면서 유람과 견문을 기록하여 남겼다.

일찍이 여성의 국문 기행문으로 의령 남씨(宜寧 南氏)의 『관북유람일기(關北遊覽日記)』가 전하지만, 김금원의 이 작품은 한문으로 된 기행문으로는 그 여행의 내력이 희한하고 문장과 내용이 모두 뛰어나다. 더구나 금강산으로부터 옮겨 다닌 여러 지방의 여정을 중심에 놓으면서, 여행론이라 할 서론과 '자서(自敍)'의 내용을 서두와 말미에 기록해 주고 있다는 점에서 조선 후기를 살았던 한 여성의 평생의 여행사를 자전적으로 정리해 놓은 가치가 있다고 할 만하다.

이 글은 "호(제천) · 동(금강산) · 서(의주) · 낙(서울 용산)"으로 여행하고 견문한 네 곳의 기행과, 서두에 붙인 머리말과 자서 및 결말 등 여섯 대목으로 나누어 살펴볼 수 있다. 문체는 서술체의 기행 산문을 주조로 하면서, 경승마다 절구나 율시 27수를 섞어 여성적 서정성이 넘쳐

흐른다. 게다가 지은이와 가까이 사귀며 시회(詩會)를 열었던 네 명의 여성들의 평가와 소감을 적은 글들을 덧붙여, 이 글의 지은이와 기행문을 둘러싼 당대 여성들의 문학 향유의 훌륭한 모습을 살필 수 있게 한다. 글의 전체적 구성과 그 뜻에 대하여는 특히 아우 경춘(瓊春)의 글(「정(訂)」)이 훌륭하여, 자매가 모두 뛰어난 문장가였음을 알게 한다.

> "천하 강산은 크고, 고금 세월은 오래구나. 인간사 가고 옴은 하나도 같지 않고, 생물은 형형색색 또한 만 가지로 같지 않다. 산은 본래 하나이나 끝내 만 가지로 흩어져 수많은 모습의 서로 다른 산이 있고, 물은 본래 만 줄기이나 끝내 하나로 모여 일천 물결 일만 굽이의 다름이 있다. 남자와 여자의 다름도 만물마다 다르다.
>
> 그러나 눈으로 산하의 큼을 보지 못하고 마음으로 사물의 중다함을 겪지 못한다면 통변하여 그 이치에 도달할 수 없어, 국량이 협소해지고 식견이 통달하지 못한다. 따라서 인자(仁者)는 산을 좋아하고 지자(知者)는 물을 좋아하며, 남자가 사방에 노니는 뜻을 귀중히 여기는 이유이다. 여자 같으면 발이 규문 밖을 나가지 못하고 …… 규중에 깊이 살아 그 총명과 식견을 넓힐 수가 없이 끝내 사라져 버리게 되는 것이니 어찌 슬프지 않겠는가?[11]

이런 서두로 시작하여 지은이는 스스로 문명한 우리 나라에 태어나고 하늘이 총명한 재주를 주셨으니, 어찌 홀로 요산요수(樂山樂水)하여 보고 듣는 것을 넓힐 수 없단 말인가 하고 자문하면서, 스스로 유람을

11. 이혜순 · 정하영 역편, 『한국고전여성문학의 세계』 산문편, 「김금원의 산문」.

결정하고 어버이의 허락을 얻기에 이른다. 이에 가슴속이 호연해짐이 마치 매가 새장에서 나와 바로 하늘 높이 올라가는 기세이고, 천리마가 재갈을 벗고 천리를 치닫는 것 같다고 했다. 14세의 여자아이는 그날로 남장을 하고 짐을 꾸려 먼저 사군(四郡)을 향해 길을 떠났다.

(1) 제천 · 단양 · 영춘(永春) · 청풍(淸風) 등 사군(四郡)을 보고 금강산으로 향하다.

(2)-① 내금강 : 단발령(斷髮嶺) - 장안사(長安寺) - 표훈사(表訓寺) - 만폭동(萬瀑洞) - 수미탑(須彌塔) - 중향성(衆香城) -불지암(佛地庵) - 묘길상(妙吉祥) - 지장암(地藏庵) - 사자암(獅子岩)

② 외금강 : 유점사(楡岾寺) - 구룡소(九龍沼) - 은선대(隱仙臺) - 십이폭포(十二瀑布)

(3) 관동팔경(關東八景) : 통천 총석정(通川 叢石亭) - 해금강(海金剛) - 고성 삼일포(高城 三日浦) - 간성 청간정(杆城 淸澗亭) - 강릉 경포대(江陵 鏡浦臺) - 울진 망양정(蔚珍 望洋亭) - 평해 월송정(平海 越松亭) - 삼척 죽서루(三陟 竹西樓) - 인제 설악산 - 백담사(百潭寺)

(4) 한양(漢陽) : 남산 - 세검정(洗劍亭) - 삼청동(三淸洞) - 숭례문(崇禮門)

(5) 의주 부윤으로 부임하는 남편보다 먼저 떠나 개경과 평양을 지나 의주에 이르러서 2년 동안 이곳 용만(龍灣)에서 생활. 통군정(統軍亭)에 올라 삼강(三江)의 개시(開市: 국경 지대에 열렸던 무역시장)하는 것을 구경하고, 압록강과 구련성(九連城)을 바라보며 국경 도시의 생활을 즐김(22~24세).

단양의 사인암(舍人岩) 김홍도, 병진년화첩, 조선 시대, 호암미술관

김금원이 기행의 글을 남긴 것은 경술(庚戌, 1850)년 3월 상순이라 했으므로 그의 나이 33세 때의 일로서, 용만에서 돌아온 지 10년 정도 지난 후의 일이다. 특히 이 글의 「자서」에서 "홀로 나의 생을 생각한다(竊念吾之生也)"고 하고 또 결론에 가서는 "돌이켜 평생의 맑은 놀이를 생각한다(回念平生淸遊)"고 한 것으로 보아, 스스로의 삶을 되돌아보는 계기로 '유람의 전말'을 기록했다고 보인다. 또한 이렇게 평생을 돌아보며 "산수와 경치의 아름다운 지역들을 두루 다녀, 남자들이 하기 어려운 일을 하였으니 분수가 이미 족하고, 소원 또한 보상받았다"고 회고하고 있다.

이 「호동서낙기」는 기행문으로서 여러 가지 특징을 가지고 있다. 첫째는 당시로서는 보기 드문 여성의 기행문이면서 어느 한 곳에 대한 기행이 아니고 '호 · 동 · 서 · 낙' 등 평생의 여행을 한데 모은 글이라는 점이다. 따라서 일반적 기행문의 일기 형식보다 회고적 성격이 강하다. 그리고 여성이라는 열악한 조건에서 남성과 구별되는 시각이 강조된 글이면서, 이 다름을 삶의 명상적 성격으로 극복하고 있다.

김금원의 이 기문(記文)은 애초부터 기행문의 형식을 목표했다기보다 평생 동안 여행한 내력을 자전적으로 묶어냈다는 성격을 가지고 있다. 물론 지나는 지방의 견문이나 동행자나 만난 사람의 기술 등에서 유람의 구체성이 부족한 부분이 없지 않다. 그러나 어린 시절의 '남장여행'과 결혼 뒤의 여성으로서의 여행이 성격적으로 다른 글이면서, 그 심상지리(心象地理)가 원대하다는 공통점을 들 수 있다.

보빙사 일행 앞줄 왼쪽이 민영익, 오른쪽이 부사 홍영식, 뒤에 서 있는 사람이 유길준.

유길준

6. 유길준의 『서유견문』

유길준(兪吉濬, 1856~1916)은 개화 운동의 선구자로, 1894년 갑오개혁의 중심 인물이었으며, 19세기 말에 일본에 유학한 최초의 한국 유학생이었다. 그의 사상을 가장 잘 담고 있는 『서유견문(西遊見聞)』은 한국 최초의 서양 소개서로서 유길준의 1년 남짓한 일본 유학과 미국 유학 경험, 그리고 유럽 여러 나라를 두루 여행한 체험이 잘 반영되어 있다.

유길준은 개화론의 선구자인 박규수(朴珪壽, 1807~1876)를 만난 후 과거 시험을 포기하고 그의 문하로 들어갔다. 유길준의 나이 스무 살이던 1876년은 일본 군함 운양호(雲揚號)가 강화도 연안까지 침입해 들어온 그 이듬해였다. 유길준은 일본뿐 아니라 미국을 비롯한 서구 열강의 도발에 대한 위기 의식과 일찍부터 박규수로부터 위원(魏源)이 지은 『해국도지(海國圖志)』를 빌려 읽으면서 해외에 대한 새로운 지식에 눈을 떴다.

유길준이 26세가 되던 1881년에 조선 정부는 개화 정책의 일환으로 중국과 일본에 사절단을 파견하였는데, 일본 파견 사절의 수행원이 된 유길준은 유학생으로 그곳에 남게 되었다. 뒤에 유길준이 쓴 『서유견문』에 따르면, 개국한 지 30년만에 이룩한 일본의 놀랄 만한 부는, 이를 떠받치고 있는 대부분이 곧 "태서(泰西)의 풍(風)"이라고 하였다. 그

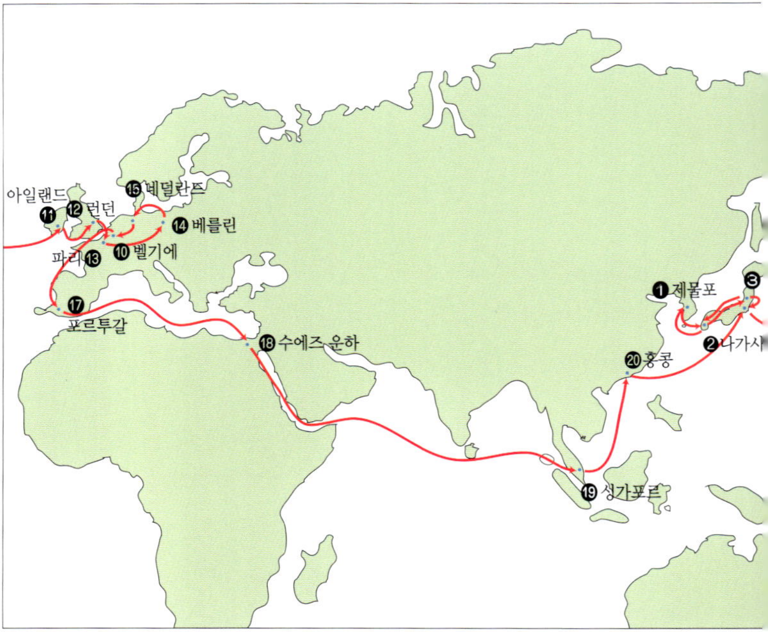

유길준 여행길 지도

의 새로운 인식은 '태서의 풍'을 30년이나 배워 부국(富國)을 이룩한 일본의 실정을 통해서 간접적으로 시작되었으나, 또 한편 동경대학의 교수로 있던 E. S. 모스 등 "재예와 견식에 뛰어난 서양 사람과 직접 만나는" 체험을 통해서 더욱 선명해지게 되었다.

유길준의 이런 해외 체험은 일본에 유학한 지 얼마 되지 않는 1882년 여름에 이미 여행기를 쓸 계획과 서양을 소개하는 저서를 집필하기로 마음먹는다. 공적인 여행에 기록을 남기는 것은 중국을 오간 조선 연행

사나 일본을 오간 통신사들의 오랜 관습이었다. 그러나 유길준이 스스로의 서유 견문을 일기 형식이 아닌 견문기로 썼다는 것은 그가 받은 문화적 충격이 엄청나게 컸음을 말해 준다. 총 20편 71항목으로 이루어진 556쪽의 방대한 『서유견문』은 「서문」과 「비고」에 이은 전 20권 가운데서 제1편과 제2편, 그리고 제19편과 제20편은 하천(河川)과 인종·물산, 또는 세계의 중요 도시 등 주로 세계의 인문 지리를 다룬 내용으로 되어 있다. 그리고 제3편부터 제18편까지는 서양의 정치 제도와 문

명의 실태를 소개하는 내용으로, 이 부분이 책의 중심을 이루고 있다. 분량으로는 인문 지리의 부분이 151쪽, 서양의 정치와 제도를 소개하는 대목이 243쪽, 그리고 서양의 문명론을 펴고 있는 곳이 160쪽으로, 이로써 책을 지은 사람의 관심의 폭을 짐작할 수 있다.

이 책의 제14편 「개화의 등급」은 유길준 스스로가 도달한 개화의 개념과 방법, 목표, 그리고 그의 사상을 이해할 수 있는 중요한 실마리가 뚜렷이 드러나 있는 부분으로 이 책의 백미라고 할 수 있다.

> 무릇 개화라고 하는 것은 인간의 온갖 사물이 가장 아름다운 경지에 이른 것을 말한다. (『서유견문』 제14편 「개화의 등급」)

이렇게 그는 개화를 끊임없이 변화하는 개념으로 이해하고, 또한 '미개 – 반개화 – 개화'의 단계를 거치는 진보의 개념으로 설명하고 있다. 변혁은 이전부터 있었던 개념이지만, 진보는 새로운 개념에 속한다. 여기서 그가 이처럼 진보적 역사관을 가지게 된 것은 진화론자였던 모스의 영향이 컸다고 보아 틀림없다.[12] 그러나 개화가 변혁해서 진보하는 까닭이 자기의 선미(善美)한 것을 보수(保守) 발전시키는 데 있다는 다음 주장에 접하면, 그가 모색한 개화의 목표와 주체적 방법론이 함께 밝혀진다.

> 아! 개화하는 일이란 남의 장기를 취하는 것뿐 아니라 자기의 훌륭하고 아름다운 것을 보전하여 지키는 데도 있는 것이다. 대개

12. 이광린, 「구한말 진화론의 수용과 그 영향」, 『세림한국학논총』 1집, 1977

남의 장기를 취하는 의사도 또한 자기의 훌륭하고 아름다운 것을 더하게 하기 위한 것이므로, 남의 재주를 취하더라도 실상있게 이용하기만 하면 자기의 재주가 되는 것이다. (『서유견문』 제14편 「개화의 등급」)

결국 유길준은 해외 유학과 유럽 시찰을 경험한 후 조선의 현실에 대처해 가는 과정에서 개화에 대한 새로운 자각에 이르렀다고 할 수 있다. 그는 김옥균이나 복택과는 달리 유교를 옹호하고 자기 문화를 극미하게 하는 것으로 근대화의 방법과 목표를 뚜렷이 하고 있었다. 그런 자각에서 그는 『서유견문』을 국문으로 썼고, 개국 연호를 써서 독립된 국민으로서의 자각을 뚜렷이 하며, 고유 문화에 대한 긍정과 교육 개혁을 급선무로 삼았던 것이다.

『서유견문』은 그의 나이 39세 때에 출간되었지만, 그 초고의 윤곽이 일본과 미국 유학 시대의 끝 무렵인 28세 때(1884) 이미 만들어져 있었다. 이 책은 내용의 근대성은 물론 당시로서는 혁신적인 국한문 혼용체로 씌어졌고, 머리말에서도 한문을 택하지 않고 문체 혁신을 시도한 국어 의식이 뚜렷이 드러나 있다. 또 그의 나이 53세 때 지은 본격적 문법서인 『대한문전』(1909)은 조선 최초의 근대 문법서일 뿐 아니라 그의 국어 연구가 벌써 『서유견문』의 저작과 같은 해에 시작되었다는 점에서 주목된다. 그런 점에서 유학 시대에 쓰기 시작한 『서유견문』의 머리말에 보이는 뚜렷한 국어 의식과 조선어 문법 연구는 같은 맥락에서 유길준의 민족적 자각을 증거하는 내용이다.

옛날 썼던 원고를 뒤져 보니 그 태반이 산실(散失)하여 여러 해

비선대 바위에 새겨진 김옥균과 김병기 이름

동안의 공이 흔적도 없이 사라졌다. 조금 남은 것을 편찬하고 없어진 부분을 증보하여 20편의 책으로 만들되, 우리 글과 한문자를 섞어 써서 문장의 체제를 평이하게 하였다. 또 속어(俗語)를 써서 그 뜻을 알게 하는 데 주안을 삼았는데, 원래 여러 해 견문한 사실과 학습한 노고를 모호하게 단장해 내는 것이므로, 이는 허술한 데 대한 나무람을 피하기 어려우며 잘못된 실수가 있기 또한 쉽기 때문이다. 그러나 비유하자면 산(山)을 그리는 것과 같아서, 그리는 일의 익숙함과 서투름이 손(手)의 운용과 의장(意匠)의 경영에 있는 것이다. 그 7할 이상을 잘못 그렸다 하더라도 오히려 그 높은 곳은 봉우리요, 하나로 뭉친 것은 돌이며, 가지가 서로 얽혀 짙고 옅게 빼어난 것은 초목이니, 때를 따라 자욱한 변형을 그림은 화공(畵工)의 기술이다. 이제 대개 이 책이 비록 보잘것 없으나 역시 위와 같을 뿐이니, 산의 그림을 가리켜 산이라 하는 데에 헛그림자를 이름이나, 그 내려온 본은 고유한 것이므로, 이 책을 대하는 이도 역시 이상과 같은 관점으로 보면 가할 것이다. 이런 이유로 국한문 혼용으로 이 책을 썼을 뿐 아니라, 지금 세계가 서로 교류함에 있어서 문필가와 '구안자' 뿐 아니라, 상하 귀천 부녀자를 막론하고 세계의 형편을 알아야 한다.

제3장

유배의 기행 문학

八所
七所
六所
五所
四所

산수도 김정희, 조선 시대, 서울대학교박물관

1. 유배와 귀양의 땅

'귀양'은 본디 방축향리(放逐鄕里)의 뜻이었으나, 조선 후기로 내려오면서 완전히 유배(流配)를 뜻하는 말로 바뀌었다. 유배 제도의 이상은 정치적으로 문제를 일으킨 사람이 고향으로 돌아감으로써 '무(無)'로 돌아간다는 동양적 발상에 있었다.

그러나 이 때문에 귀양객이 유랑하고 힘을 소모하여 개인적 · 가정적 피해는 이루 말할 수 없었고, 정치에 미치는 영향도 적지 않았다. 그러나 한편 이런 피해와 고난을 통해서 사람은 겸손해지고 성숙하며, 세속적 가치보다 더 중요한 삶의 가치를 깨닫는 계기가 되는 일이 적지 않았다. 귀양의 고독과 변방의 쓰라린 고통을 감내하면서 이 세상이 나그네길에 지나지 않는다는 것을 깨닫게 되고, 더 많은 귀양객들이 이 유배의 땅에서가 아니면 남길 수 없었을 불후의 작품이나 저작을 남기기도 하였다.

고려와 조선 시대의 형벌 제도는 태(笞) · 장(杖) · 도(徒) · 유(流) · 사(死)의 오형 제도를 따랐고, 조선에서 모범으로 삼고 있었던 『대명률』에 따르면 유형은 극형인 사형에 버금가는 중형이었다. 형기가 원칙적으로 무기한이어서, 임금의 부름을 다시 받지 못하면 유배지에서 죽는 것을 뜻하는 가혹한 처벌이었다. 그러나 500년을 이어온 조선 왕조는 관직에 나간 사람으로 유배길에 오르지 않은 사람이 거의 없다고 할 정도

흑산도

로 많은 사람들이 유배 생활을 경험한 사회였다.[13] 이렇게 유배형이 조선 사회에서 중요한 역사적 사실이었던 점은 이들 유배형에서 살아남은 이들이 남겨 놓은 수많은 유배의 기록들을 통해서 짐작할 수 있다.

조선의 유배지 가운데서 가장 가혹한 곳은 절도(絕島)와 극변(極邊)이었다. 흔히 말하는 함경도의 삼수갑산(三水甲山)이나 회령 등지, 평안도의 의주 등 변경 지대나 30식 밖의 해변이 극변이고, 제주도를 비롯한 남해도 · 거제도 · 흑산도 · 진도 등이 절도에 해당되었다.

19세기 후반에 편찬된 것으로 보이는 『의금부노정기(義禁府路程記)』에 따르면, 전국적으로 유배지는 336관(官)이 지정되어 있어서 거의 전

국토가 유배지로 이용되었음을 알 수 있다. 서울을 기준으로 가장 먼 극변은 함경도 경흥으로 2,090리이며, 가장 멀고 험한 곳은 전라도 제주목 대정현(大靜縣)으로 2,040리였다.

특히 조선 시대의 제주도는 대표적 유배지였다. 한 연구자가 조선조에 국내 245곳에 유배된 7백 명을 대상으로 조사한 유배지 가운데 제주도가 34명으로 가장 많았다고 한다.[14]

13. 김경숙, 「조선대 유배형의 집행과 그 사례」, 『사학연구』 제55 · 56 합집호, 1998.
14. 위의 글.

2. 유배와 사화

유배는 정치적 소용돌이와 관련이 많고 특히 조선 시대로 내려오면 4대 사화나 동서 분당(東西分黨), 그리고 천주교 4대 박해와 같은 정치적 격동기에 많은 유배객이 주로 사류(士類)들 속에서 나왔다. 15세기 말 연산군 4년(1498)부터 명종 즉위년(1545) 사이 반세기에 걸쳐 일어났던 네 차례의 사화는 수많은 선비 출신 정객들을 유배지로 내몰았다. 그리고 이런 사화에서 보인 정치 집단 사이의 갈등이 선조조부터는 동서 분당으로 이어져서, 한국의 유배 문학이 연산군 시대의 사화에서 출발점을 잡아야 한다는 주장에 설득력이 있다.[15] 그러나 한편으로 이것은 사림(士林)이 흥성한 사실과 관련이 깊다.

연산군 때의 첫 번째 무오사화(戊午士禍, 1498)는 김일손(金馹孫) 등 신진 사류와 유자광(柳子光) 등 훈구파 사이의 반목으로 사림파가 화를 입은 사화였고, 두 번째 갑자사화(甲子士禍, 1504)는 연산군이 생모인 윤씨의 복위 문제로 일으킨 사화였다. 세 번째 기묘사화(己卯士禍, 1519)는 남곤(南袞) 등 훈구파의 재상이 조광조(趙光祖) · 김정(金淨) · 김식(金湜) 등을 죽이거나 혹은 귀양 보낸 사화였다. 다음 을사사화(乙巳士禍, 1545)는 인종의 외척인 대윤(大尹)의 윤임(尹任) 등이 소

15. 소재영, 「조선조 유배인들의 문학」.

윤(小尹)인 윤원형(尹元衡) 등과 세자 책봉 문제로 반목하면서 12세의 명종이 즉위하고 문정왕후가 수렴청정하자 일으킨 사화로 유배가고 사형당한 자가 100여 명에 이르렀다.

다음으로 동서 분당의 사화로 17세기 말에 일어난 기사환국(己巳換局, 1689)은 장희빈의 소생[景宗]을 세자로 삼으려는 숙종에 반대한 송시열(宋時烈, 1607~1689) 등 서인 정권이 남인에게 밀려난 사건이다. 이 사건으로 좌의정이던 송시열은 제주도로 유배되는 등 많은 귀양객이 나왔다. 18세기 들어서는 왕위 계승 문제를 둘러싸고 노론과 소론 사이에 일어난 당쟁의 화옥(禍獄)으로 신임사화(辛壬士禍, 1721~1722)가 또한 수많은 유배객을 만들었다. 이것은 숙종의 뒤를 이은 경종의 후임으로 연잉군(延礽君, 뒤에 영조)을 세제(世弟)로 책봉하는 문제로 노론의 4대신인 영의정 김창집(金昌集), 좌의정 이건명(李健命)과 이이명(李頤命)·조태채(趙泰采) 등이 정계에서 실각·유배되어 사사된 사화이다. 이 사화는 뒤에 이인좌(李麟佐)의 난과 영조의 탕평책으로 이어진 역사적 사건이기도 하다.

19세기의 시작과 함께 가장 큰 유배 사건은 이른바 천주교 4대 사옥(四大邪獄)이었고, 이로 말미암아 조선 시대의 가장 긴 귀양살이로 이름난 이학규(李學逵, 24년)·정약용(丁若鏞, 18년)을 비롯하여 수많은 귀양객을 양산해 냈다. 특히 1801년(순조 1)에 일어난 신유사옥(辛酉邪獄)은 천주교 전래 이후 최대의 박해로, 한국 첫 영세 신자인 이승훈(李承薰)을 비롯하여 이가환(李家煥)·권철신(權哲身) 등 초기의 대표적 신자와 주문모(周文模) 신부 등 3백여 명이 순교하였고, 정약용이 장기를 거쳐 강진으로, 형 약전(丁若銓)은 흑산도로 유배되었다.

3. 호남의 유배객들 – 정약용 · 최익현

정약용과 약전의 유배기–「부암기」『자산어보』

호남의 유배객이라면 장년기의 18년을 유형의 땅 강진에서 보낸 다산 정약용(1762~1836)과 가시덩쿨이 50년을 자랐다는 불모의 섬 흑산도에 유배되었다가 죽은 정약전 형제를 첫손에 꼽을 만하다. 두 사람은 1801년 천주교도 대박해 때인 신유사옥에 연루되어 장년의 반생을 유배 생활로 보냈고, 약전은 흑산도에서 16년을 유배살이하다가 귀양지에서 삶을 마쳤다. 호남의 유배지로 가장 험악한 곳이 흑산도와 진도 · 완도 등 섬 지역인데 그 가운데서도 흑산도는 절해의 고도라고 할 수 있다. 나주에서 9백여 리나 떨어진 흑산도는, 소흑산도(우이도)에서 대흑산도까지 수로로 8백 리가 된다고 한다.

정약전은 『자산어보』의 머리말에서 이곳 흑산에 유배되어 있으면서 '흑산'이란 말이 무서워 집안 사람들에게 쓰는 편지에는 늘 '자산(玆山)'이라고 쓴다고 했다. 그가 이 책의 머리말에서 특히 흑산이란 이름이 무서워 글자를 바꾸어 썼다고 한 것은 그만큼 섬의 환경이 척박하였다는 것을 잘 표현해 주고 있다. 흑산도의 이런 환경은 정약전보다 70년 후인 1876년에 이곳 소흑산도에 이배(移配)된 최익현(崔益鉉)이 제주도에 비해서도 열 배나 더 험하다고 편지에 썼을 정도였다.

정석(丁石) 다산 초당 뒤에 있는 바위

다산은 유배기가 따로 전하지 않는다. 그러나 「부암기(浮菴記)」를 비롯하여 유배 시절의 수많은 기행 시문과, 특히 함께 유배되어 배소에서 죽은 형님 약전과 주고받은 편지들이 모두 그 시대 그의 진면목을 잘 보여주는 것들이다. 다산의 「부암기」는 암자로 그를 찾아온 화순(和順)의 팔십 노인인 나산처사와의 대담을 적은 글이다. 그는 사람의 삶이 떠다니는 것임을 스스로의 유배 생활과도 관련하여 다음과 같이 말하였다.

> 우리의 삶이란 떠다니는 것이다. 혹은 동쪽으로 가기도 하고, 혹은 서쪽으로 가기도 하며, 혹은 멈추기도 하며, 혹은 떠나기도 하고

복성재 흑산도에 있는 정약전 초당

돌아오기도 하니, 그 떠다니는 것은 이 순간에도 그치지 않는다.

삶이 떠다니는 것임을 선생께서는 이미 아십니다. 그렇지만 호수와 연못이 넘치면 부평초의 잎은 도랑물에도 나타납니다. 하늘에서 비가 오면 나무 인형도 따라 흘러갑니다. 이것뿐이겠습니까? 물고기는 부레로 떠다니고, 새는 날개로 떠다니며, 물거품은 공기로 떠다니고 구름과 노을은 증기로 떠다닙니다. 해와 달은 움직여 굴러다님으로써 떠다니고, 별들은 밧줄로 묶여서 떠 있습니다. 하늘은 태허로써 떠 있고, 땅은 작은 구멍들로 떠 있어서 만물을 싣고 억조

창생을 싣습니다. 이렇게 본다면 천하에 떠다니지 않는 것이 있습니까?[16]

이런 그의 유배지의 철학이 가장 뚜렷이 드러난 시가 바로 「용산리(龍山吏)」를 비롯한 「삼리(三吏)」이다. 이것은 두보의 「삼리삼별(三吏三別)」을 본딴 것이지만, 특히 그의 유배 체험이 가져다준 사실주의 시의 표본임은 물론이다. 이밖에 유배지에서의 다산의 정서를 가장 잘 드러내준 글들은 두 아들과 흑산도에 유배되어 있는 형님에게 보낸 편지들이다. 강진에서 15년이 넘는 지루한 유배 생활을 보내고 있던 병자년(1816) 6월 초엿샛날에 다산이 두 아들에게 보낸 「두 아들에게[寄二兒]」라는 편지에서는 약전이 흑산도에서 운명한 기일을 맞아 형님을 추모하는 내용으로 절절하다. 특히 학문의 지기로 서로 존중하고 우애했던 형님을 잃은 다산의 슬픔은 유배지에서 경서 관련 저작 240권의 장정을 끝낸 후 그의 질정을 기다리던 참이라 더하다고 했다.

손암 정약전은 유배지 흑산도에서 지은 『자산어보(玆山魚譜)』로 이름이 높고, 또한 생선 장수[魚商] 문순득(文淳得)의 표류 체험을 대필한 『표해시말(漂海始末)』이 전한다. 『자산어보』는 정약전이 귀양 생활 16년 동안 조사 연구하여 만든 흑산도의 수산 동식물의 이름과 방언과 생태에 대한 박물지이다. 이 책은 한국 수산 고문헌의 대표적인 책으로, 흑산의 어류뿐 아니라, 해조류(海藻類) · 조개류[貝類] · 게 새우류[蟹蝦類] · 소라 전복류[腹足類] 및 기타 수산 동물들의 행태와 약성(藥性)까지를 다루고 있다. 특히 지은이는 이 섬의 어족이 매우 풍부한 데도

16. 정약용, 「부암기(浮菴記)」, 박무용 옮김, 『뜬 세상의 아름다움』 태학사.

그 이름이나 생태가 거의 알려져 있지 않다는 것을 안타깝게 여겨 섬사람인 창대 장덕순(昌大 張德順)이라는 선비와 함께 많은 사람들을 만나 조사 연구하여 이 책을 엮었다고 했다. 그리고 이 책이 흑산 지방의 수산 자원에 대한 관심에 그치지 않고, 치병(治病) · 이용(利用) · 이치(理致)와 시인들에게까지 널리 활용될 실학적 중요성과 문학적 가능성을 함께 다짐하고 있다.

『표해시말』은 정약전이 대필한 표해록으로, 섬에서 16년이나 귀양살이를 한 사람으로서 5년 동안 타국을 떠돌며 표류한 사람의 고통을 스스로에게 비긴 기록이라 할 수 있다. 또한 이 책에서 정약전은 표류 당사자인 문순득의 고향인 소흑산도에서 생활이 곤궁하여 대흑산도로 옮겨가는 과정을 밝히고 있어, 유배 제도의 일단을 보고해 주는 흥미로운 자료 역할도 한다.

정약전은 『자산어보』를 통하여 흑산도의 해양 생태를 면밀히 조사 보고한 실학적 저술과 함께, 『표해시말』에서는 어민의 해외 체험과 외국의 풍속 및 배를 만드는 기술 등에 대한 폭넓은 관심을 보여주고 있다. 이 책은 구술한 내용을 대필하였다는 한계에도 불구하고, 문자는 모르지만 지혜롭고 재능이 있는 어상의 표해 기록이라는 점에서 중요한 가치가 있다. 그리고 한국 문학이 남긴 표해록으로 최부(崔溥)나 장한철(張漢喆)의 표해록과 함께 이 한 책을 더할 수 있게 되었다.

최익현, 「탐라로 귀양가게 된 전말[耽謫顚末]」

면암 최익현(勉庵 崔益鉉, 1833~1906)은 1873년 조정의 비위를 거슬러 제주 바닷가에 위리안치되었다가 3년 뒤에 풀려나고, 이듬해

(1876) 2월에 도끼를 가지고 대궐문 밖에 엎드려, "왜놈이 곧 서양 오랑캐와 같다"면서 일본과의 강화도 조약에 극렬하게 반대하다가 흑산도에 위리안치되어 다시 3년을 살았다.

제주도에 귀양 갔을 때 그는 아주 자세하게 「탐라로 귀양가게 된 전말」을 남긴 데 비해 흑산도 귀양의 유배기는 남기지 않았다. 그러나 소흑산도[牛耳]에 이르러 「우이에 올라 부름[登牛耳口號]」이란 칠언절구 한 수를 읊으면서 붙인 1천 자가 훨씬 넘는 긴 서문은 이 섬과 이곳에서 살아가는 스스로의 유배기를 「탐라전말」보다도 훨씬 핍진하고 아름답게 정리해 주고 있다.

> 귀양길에 산에 오르는 즐거움을 겸한 사람은 그리 많지 않다. 그것을 좋아하지 않는 사람은 없겠지만, 대개 지기(志氣)를 상실하여 사실상 그렇게 되지 않는 것이다. ……

이 글에서 그는 나주[錦城] 서쪽으로 1백 리쯤 떨어진 영광 다경포로부터 수없는 섬 사이를 지나 비금내양(飛禽內洋)에 이르러 대해가 되고, 여기서 서남 방면으로 40~50리를 가서 남쪽을 향해 스물네 개의 섬이 떠 있는 가운데 가장 높고 웅장한 섬이 곧 우이도라고 했다. 면암은 이때 세 배나 빨리 압송하라는 재촉 때문에 2월 초하루에 서울을 떠나 다경포까지 860리 길을 열흘에 달려왔고, 거기서 소흑산까지는 수로로 180리 길을 6일 만에 이르렀다고 했다. 『의금부노정기』에 규정된 하루 평균 84리를 거의 따른 강행군이었던 셈이다.

그는 섬이 생긴 모양과 마을들을 자세히 소개하면서, 이 섬이 주위가 30리가 채 안 되고 인가가 겨우 1백 호에 지나지 않으며, 하늘에 닿는

제자들이 세운 면암의 유허비

면암의 글씨 '기봉강산 홍무일월'

석각(石角)이 3면을 둘러싸고(*산천이 험함을 뜻함) 동쪽을 향한 한쪽 마저도 바다로 막혀 참으로 하늘이 만든 감옥이라고 했다. 그러면서 한편으로 이런 험한 지형적 조건을 죄인을 가두는 데나 쓰고 외적의 방어를 위해 활용하지 못하는 정부의 무계책을 한탄하였다.

그러나 면암은 추석날 뒷산에 올라 한여름을 지난 이곳 우이섬의 맑고 깨끗한 수토(水土)와 조정의 사대부들도 따를 수 없는 도민들의 말씨와 도덕을 평가하면서, 무릉도원이라도 이 땅에 비할 수 없고 의연히 참선(參禪)의 경지에 들 만하다고 했다. 그는 여기서 도산(陶山) 이퇴계의 「절요[節要, 朱子書節要]」를 읽고, 파옹(巴翁) 송시열의 「철령시(鐵嶺詩)」를 외면서 귀양살이의 괴로움은 가히 말할 수 없는 지경에 이르렀다고 했다. 파옹 송시열이, 숙종 원년(1675)에 예(禮)를 그르친 죄 때문에 덕원으로 유배당할 때 철령을 넘으며 지은 시를 상기하고 있는 것이다. 『주자서』는 면암이 제주도 유배 때처럼 이 책 하나만을 가지고 떠났던 애송서이며, 『우암집(尤庵集』은 여기서도 한 질을 빌어 잠심하여 읽은 바 있었던 애독서였다.

그는 귀양 온 죄인이라 히여 대죄하고 근신하고만 있는 것이 아니라, 각기병을 걱정하여 앞산과 뒷산 꼭대기에 올라 산의 형세와 수세(水勢)의 넓고 좁음, 강만(岡巒)의 멀고 가까운 것을 모두 살피고, 1천년 이어져 온 갖가지 고적을 살펴 이 섬이 제주도에 못지않음을 확인하고 있다. 이런 그의 관찰과 연구는 정약전의 수산 자원의 조사 연구와 비길 수 있을 것이다. 그는 「탐라로 귀양가게 된 전말」에서 신라의 대학자이며 자신의 선조이기도 한 최고운(崔孤雲) 선생이 당나라에 들어갈 때 이 섬의 앞뒷산에 올라 철마(鐵馬)를 두어 산을 제압했다는 전설까지를 잔주로 달아가며 스스로의 유배행의 모범을 삼았다.

당시 면암의 의리를 사모하는 이들이 여러 곳에서 제주도와 흑산도의 유배지를 따라 모여들었다. 광주 사람 박해량(朴海量)은 일찍이 제주도로 면암을 찾아보고 또 해배하여 뭍으로 나올 때 책상자를 지고 따라와 제자의 예를 다하였다. 그리고 면암이 흑산도로 귀양 가자 정심사의 화승(畵僧)을 데려와서 선생의 초상을 그려 본댁에서 석 달 동안 모시다가 돌아갔다.

한편 면암의 친구 김평묵(金平默)이 지은 「최영호입흑산도기(崔永皓入黑山島記)」에 따르면, 단천(短川)의 하민(下民)인 최영호라는 사람이 면암의 명성을 듣고 노자도 없이 걸식하면서 천여 리를 걸어왔다고 했다. 그러나 면암이 흑산도로 유배되었다는 소식에 접하자, 다시 경기도 포천에서 1천 리를 걸어 바다를 건너 흑산도에 이르러 제자의 예를 닦은 뒤에 돌아갔다고 전한다. 또한 김의현은 평창에서 흑산도로 찾아갔고, 조종헌은 순천에서 두 번 들어갔고, 하권묵과 손태효는 영암과 나주 아전으로 모두 면암을 사모하여 섬으로 찾아갔다고 이 기록에 함께 전하고 있다.

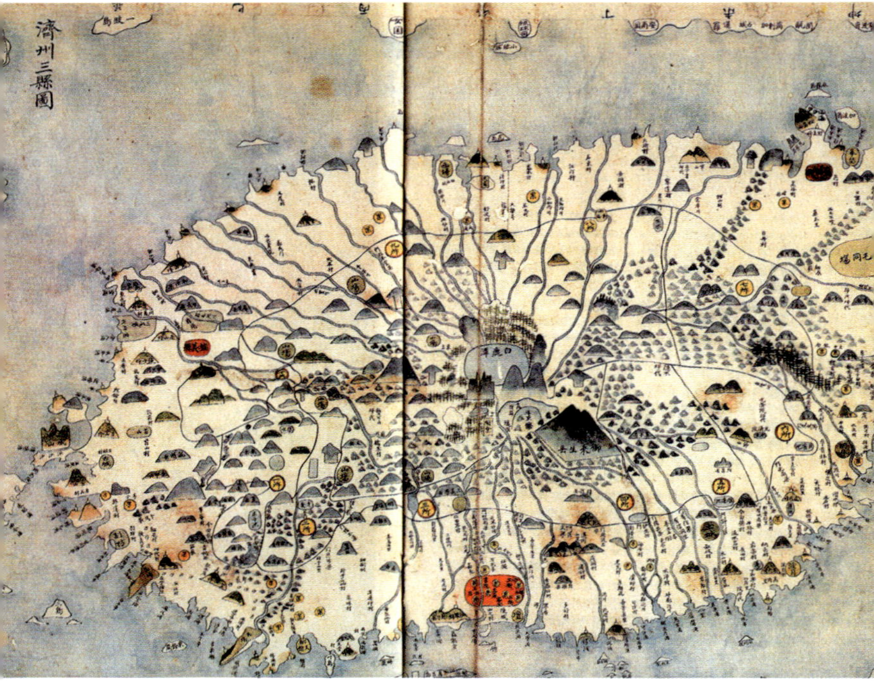

제주 삼현도 규장각

제주 · 대정 · 정의 삼현의 산과 강, 목장 등을 자세하게 그렸다.

4. 제주의 유배객들 – 김춘택 · 김정희

제주도는 조선 시대에는 전라도에 속해 있었다. 『여지도(輿地圖)』에 따르면 서울 기점으로 육로 930리, 해로 970리로 총 1,900리 거리의 고도로서 조선 시대의 가장 대표적인 유배지로 왕조 5백년을 통해 이곳에 유형을 받은 귀양객이 2백 명이 넘었다고 한다.

그 가운데 두드러진 인물로는 미암 유희춘(眉巖 柳希春, 1513~1577)이 을사사화 때 제주와 종성으로 귀양가서 19년을 지낸 바가 있고, 김정(金淨) · 이익(李瀷), 김진귀(金鎭龜) · 김춘택(金春澤) 부자, 조관빈(趙觀彬) · 조정철(趙貞喆) 일가, 김정희(金正喜) 등이 이곳에 유배되었다. 조정철(1751~1831)은 노론 4대신의 하나인 조태채(趙泰採)의 증손으로, 정조 시해 사건에 혐의를 받고 제주도에 위리안치되어 무려 28년이라는 긴 세월 동안 귀양을 살면서 『영해처감록(瀛海處坎錄)』을 남겼다.

뿐만 아니라 제주도에는 명종 때의 창녀 옥복(玉福)처럼 자전(慈殿)을 원망하였다는 죄로 제주도에 귀양간 여인도 있었고(『명종실록』 권29 6월 19일조), 광해군 때에는 김려(金鑢)의 7대 조모인 노부인(盧夫人)이 탐라로 귀양갔다가 인조 계해년(癸亥 1623)에 풀려 돌아왔다[김려, 「서작편(瑞鵲篇)」, 『사유악부(思牖樂府)』].

김춘택의 「수해록(囚海錄)」

북헌 김춘택(北軒 金春澤, 1670~1717)은 『사씨남정기』를 한역한 문인으로 한국 문학사에 그 이름이 높다. 그는 숙종 때에 인현왕후를 폐하고 남인이 세력을 잡자, 그 화가 가문에 미쳐 20년 동안 무려 다섯 차례에 걸친 유배와 세 번에 걸친 투옥 생활을 하였다. 특히 제주도는 아버지 김진귀가 기사환국으로 5년 동안 유배되었던 곳인데다, 부자가 같은 집에서 유배 생활을 보낸 운명의 땅이었다.

「수해록」은 그의 『북헌집』 20권 가운데 제13~16권에 실린 글들로, 1706년 37세 때 옥사와 관련한 「피체록(被逮錄)」과 제주로 귀양갈 때의 일을 기록한 「섭해록(涉海錄)」 등으로 되어 있다. 그리고 이듬해 박의량(朴義良)의 옥사에 연루된 때의 「후피체록」과 1710년 임피로 이배될 때 지은 「경인섭해록(庚寅涉海錄)」이 있고, 시집으로 「수해록」 2권이 있다. 김춘택은 이 유배록에서 먼저 선친이 기사환국 때 간신의 무함을 입어 이곳 제주에 6년 간이나 유배된 사실을 상기하고, 아버지가 돌아가신 후 3년의 상복도 벗기 전에 앞의 간신의 간교로 자신까지 이곳 제주로 유배된 내력을 서술하고 있다(김춘택, 『북헌거사집(北軒居士集)』 권13, 「수해록」).

김춘택은 선친이 제주 유배에서 풀려난 지 3년 뒤인 1697년(숙종 23)에 폐위된 인현왕후 민비의 복위를 상소하였다는 이유로 금천으로 유배되고, 1701년(숙종 27)에는 신사옥(辛巳獄)에 연루되어 부안으로 유배되었으며, 1706년(숙종 32)에는 임부(林溥)의 동궁 모해설과 관련하여 해남과 흑산도에 유배되었다가 다시 제주도에 이배되었다. 그는 1710년 옥구의 임피로 이배되었다가 풀려나지만, 48세로 세상을 떠날

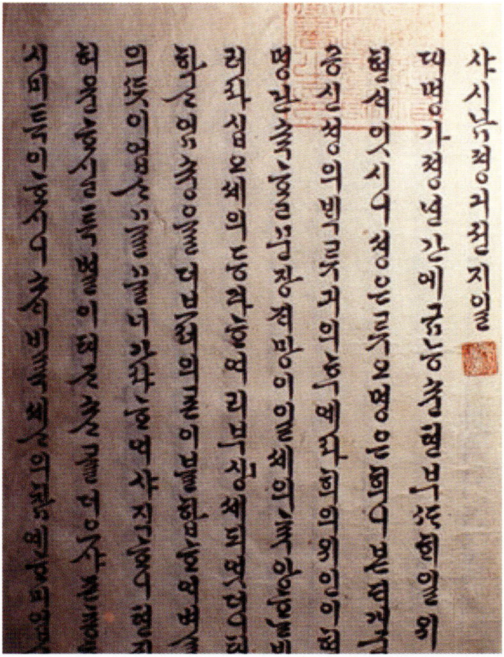

사씨남정기 서포 김만중

때까지 거의 대부분을 옥사에 연루되고 귀양에 쫓기는 삶을 살았던 사람이다.

그러나 김춘택은 이곳에서 유배기를 남겼을 뿐 아니라, 『사씨남정기』의 한역을 비롯한 적지 않은 문학 저작을 남겼다. 북헌이 김만중(西浦金万重)의 이 작품을 한역한 것은 작가가 증조부라는 가족사적 관련 외에도, 숙종의 잘못된 생각을 풍자하고 민비의 복위를 의도한 주제성을

완당선생해천일입상 허련, 개인 소장

다시 상기시키려는 뜻이 절실해서였을 것이다. 그것은 서포가 속언으로 많은 소설을 지은 일에 대해서 말하면서, 그 가운데서도 스스로가 『사씨남정기』를 한문으로 번역한 까닭에 대하여 말한 데서도 뚜렷해지는 대목이다. 또 북헌은 서포가 송강 정철(松江 鄭澈)의 「전후 사미인곡」을 베껴 두고 「이소(離騷)」라고 한 일을 상기하면서, 제주에 유배되어 이에 화답하는 「별사미인곡」을 지었다고 했다. 『서재집(西齋集)』「감산록(柑山錄)」에 따르면, 북헌이 제주에 있을 때 정을 준 석례(石禮)라는 늙은 기생이 가끔 그를 찾아와 북헌이 지은 「별사미인곡」을 노래했다고 전한다. 북헌은 자기 집안의 여러 대가 이곳에 유배된 역사와 유배 문학을 관련시켜 창작을 하였다.

김정희의 『유수록(留囚錄)』

추사 김정희(秋史 金正喜, 1786~1856)는 이름난 실학자로 유배지 제주와 북청에서 도합 13년간이나 유배 생활을 보냈다. 박제가의 문인이요 서화가이자 고증학자인 추사는 대사성과 이조판서를 지냈다. 1840년 윤상도(尹尙度)의 옥에 연루되어 제주도에 9년간 유배되었다가, 1851년부터 헌종 묘천(憲宗廟遷) 문제로 다시 북청에 유배될 때는 66세의 늙은 몸이었다. 추사는 정치적으로도 출세의 길을 걸어 54세 때는 형조참판이 되고 동지부사로 30년 만에 다시 청나라로 떠나게 되었다. 그러나 잠깐 사이에 정변이 일어나 사형선고를 받게 되었고, 다행히 영의정인 친구 조인영의 도움으로 죽음을 면하고 제주도 대정(大靜)에 정배되었다.

제주도로 가기 위해 전주 · 남원을 거쳐서 완도로 가던 도중에 해남

칠언절구 김정희, 조선 시대, 국립중앙박물관

대흥사에 들렀는데 거기에서 초의선사를 만났다. 귀양살이 가는 처지이면서도 추사는 기개가 살아서 초의선사에게, 조선의 글씨를 다 망친 이광사(李匡師)의 대웅보전 현판을 떼고 자신의 글씨를 달도록 했다고 한다. 그러나 9년 뒤 귀양에서 풀려 올라오는 길에 대흥사에 들러 초의에게 이광사의 현판을 다시 걸게 했다는 일화가 전한다(유홍준, 『나의 문화유산답사기』).

그는 제주도 대정에 정배된 지 2년 후 부인의 부고에 접하고도 장례에 참석하지 못하는 슬픈 심정을 "이 내 슬픔 짐작케 하올/ 내세에 부부가 바꿔 태어나/ 나 죽고 그대 살아 모르고 사후에야 살고 싶다"라는 7언절구로 노래하였다. 부인의 죽음을 모른 채 유배지에서 언문 편지를 보냈다는 사연도 전한다. 그러나 이런 오랜 유배 생활 속에서도 김정희는 유배지의 자연을 사랑하고 제주의 수선니(水仙泥)를 상찬하는 다음과 같은 시를 썼다.

碧締脅天一解顔	푸른 바다 푸른 하늘 시름 가시고
仙緣到底宋終慳	너와피 선연은 다할 수 없어
勳讀棄補導常物	호미 끝에 버려진 예사론 너를
供裵窓端机淨開	오롯한 창가에 놓고 기른다

– 이병주 새김

이밖에 유배지의 시들도 기행시라 할 것이지만, 여기에는 유배 생활과 유랑하는 정신적 상황이 애도 · 연군 · 은둔 · 도피 · 자연애 · 인륜 등을 주조로 수없이 씌어졌다. 이것은 우리 정치사의 소용돌이와 맥을 같이하며 유배 가사, 유배 문학이란 양식을 만들어내기에 이르렀다.

함흥부지도 규장각

5. 북변의 유배객들 - 김려

김려의 「북천일록(北遷日錄)」

김려는 18세기 말에서 19세기 초에 걸쳐 활동한 사실주의적 문인으로, 1797년 11월에 서학의 신도인 강이천(姜彛天)의 사건에 연루되어 함경도 최북단인 경원(慶源)으로 귀양 갔다가 부령으로 옮겨졌고, 1801년 신유사옥이 일어나면서 다시 그 해 4월에 영남의 진해로 이배되었다가 1806년 10월에야 해배되었다. 그는 두 차례의 유배 기간 동안 많은 일기와 시문을 지었지만 거의 유실되고 남은 것 중 하나가 「북천일록」이다. 이것은 1797년 동짓달부터 부령으로 유배가면서 쓴 일기체 기행문으로, 『감담일기(坎萏日記)』 속에 들어 있다.

일기는 이 해 음력 11월 12일 붙잡혀 심문을 받고 국토의 최북변인 경원으로 길을 떠나는 사연으로부터 그날그날의 노정 등을 산문으로 서술하고 몇 수의 시를 첨부하는 방식으로 되어 있다. 시가 압도적으로 많다는 것은 옛 문인 유배기의 전통에 따르면서, 한편으로 시인으로서의 그의 문학적 자질을 잘 드러내 준다. 「북천일록」은 관직자가 아닌 유생의 유배라는 점에서 의금부가 아닌 형조의 지시를 따르는 유배 풍속을 자세히 전해 주어 흥미롭다.

김려는 먼저 나졸에 끌려가서 형조 심문장에서 이틀에 걸쳐 문초를

당하고 자백서를 강제받고 나서 경원으로의 정배가 결정되었다. 사흘 동안 낟알 하나 먹지 못한 채 경기 감영으로 가서(제1일, 11월 14일) 비장의 재촉을 받으며 밤길로 양주에 이르고, 제2일 포천 – 영평, 제3일 철원, 제4일 김화 – 금성, 제5일 새벽길을 떠나 밤에 회양, 제6일 새벽길로 철령– 안변에 이르렀다. 제7일 새벽에 길을 떠나 원산 – 덕원, 제8일 문천, 제9일 고원 – 영흥, 제10일 정평, 제11일 함흥 – 구돌포, 제12일 홍원에 도착하였고, 제12일 밤에 평포, 제13일 북청, 제14일 명천, 제15일 군선홍, 제16일에 곡구역을 지나다가 유배지를 부령으로 옮기라는 명을 받고 기뻐하며 경원과 부령을 비교하는 시를 썼다. 그의 유배길은 12월 1일 즉 제17일 마곡 – 마천령을 지나 백상보, 12월 6일 명천, 12월 8일 경성을 지나 12월 10일, 즉 길 떠난 지 27일 만에 부령에 이르렀다.

김려는 귀양살이를 하면서 쓴 글이 아주 많아 십여 책의 이름을 들고 있지만 거의 다 잃어버리고 남아 있는 것은 『감담일기』 하권과 『사유악부』 두 책뿐이다. 『사유악부』는 진해 유배 때 씌어진 것이지만, 부령 유배 시절의 여러 일들을 회상하면서 악부 형식으로 쓴 북변 유배기의 속편이라 할 수 있다. 272편의 악부는 시편마다 "묻노니 너 무엇을 생각하는가? 북쪽 바닷가를 생각하노라"라는 구절을 달고 있어 부령 시절을 회상하고 있다.

시들은 유배지의 자연과 풍습, 이곳에서 사귄 사람들의 인정과 삶의 애환 등을 묘사하면서 특히 부도덕한 관리를 꾸짖고, 억눌려 사는 서민들의 삶을 긍정하는 작품이 두드러진다. 그리고 문학 소녀 연희를 못 잊어하여 그리움을 드러내는 등 북변 유배지 일기의 연장이라 할 만하다. 그가 당나라 시를 본따 이와 같은 시 쓰기를 무진년(戊辰年, 1808)에 이르러서야 그쳤다고 하는 것으로 보아, 유배가 끝날 때까지 오랜 기간 시문으로써 마음을 달랬던 사정을 짐작하게 한다.

특히 그는 제도에 짓밟히는 유배자의 괴로운 여행 체험을 자세히 전하면서 각 지방의 자연 풍경과 풍속, 인정 세태를 사실적으로 그려내었다. 그는 새벽부터 밤중까지 채찍질하며 달리는 귀양길에서도 지나는 지방의 풍치와 역사를 노래하였다. 철원을 지나면서 김응하(金應河) 장군의 묘당에 참배하고, 북청에 귀양가서 죽은 이항복(李恒福)을 비롯하여, 이항복의 북천(北遷)을 수발한 정충신(鄭忠信), 길주로 귀양갔던 조헌(趙憲), 그리고 바로 부령 땅에 유배되었다가 신지도로 옮겨 다니면서 33년을 유배 생활하다 적지(謫地)에서 죽었다는 이광사 등을 특필하여 기렸다. 또 유배지에서는 북쪽 지방의 강인하고 꾸밈없는 인간 군상들을 노래하고 또 전기로 썼다. 따라서 그의 글은 18세기 말의 유배의 풍속사이면서 동시에 북변과 동해 지역의 사회사이자 인문 지리서라 할 만하다.

김려가 진해로 이배되었을 때 지은 「우해이어보(牛海異魚譜)」는 진해 앞바다의 물고기들의 생태와 바닷가 사람들의 삶의 모습에 관심을 기울였던 그의 실학적 관심을 보여주는 책이다. 그는 이 책에서 신기한 어족 53종의 생태와 그와 관련된 어촌의 풍습을 잘 정리하여 바다의 세계와 어촌에 대한 필자의 새로운 발견과 체험을 보여준다. 이 저작은 정약전의 흑산도 유배 시절의 『자산어보』를 연상시키는 생물과학의 실학적 탐구 보고서인 동시에 과학과 지방사(地方史)와 시를 하나로 결합하는 문학적 결실이란 점에서 『자산어보』와는 또다른 특징을 보여준다.

김수항

김창집

6. 죽음의 행렬 –『임인유사』, 김창집 외

김원행(金元行, 1702~1772)이 쓴『임인유사』는 사약을 받은 귀양객의 최후를 기록한 진귀한 유배 문학 자료로서 한글로 쓰여졌다. 이 책은 김원행이 임인옥(壬寅獄)에 연루되어 유배되었다가 사사된 조부 김창집(金昌集, 1648~1722)과 부친 김제겸((金濟謙, 1680~1722) 부자의 최후와 유언 등 3편의 글을 '임인유사(壬寅遺事)'라는 제목으로 모아 놓은 것이다.

김원행은 김창협(金昌協)의 양손자로 작은할아버지가 되는 김창흡(金昌翕)과 이재(李縡)의 문하에서 수학하고 기호학파의 낙론(洛論)의 학문을 이어받은 대표적 산림학자(山林學者) 중 한 사람이다. 이 글은 친할아버지인 영의정 김창집이 신임사화에 연루되어 귀양중에 사약을 받게 되었을 때, 귀양길을 함께 따르며 그 언행을 정리한 글이다.

17자 10줄 평균으로 된 75쪽 분량의 이 글은 '임인유사'라는 큰 제목 밑에 임인년(1722) 4월 27일 성주에 머물면서 쓴 38쪽 분량의 글이 중심을 이룬다. 같은 임인년 12월 납월일(臘月日)이라고 기록된 31쪽 분량의「선고유교(先考遺敎)」와 4월 24일 김원행이 써 주었다고 후기가 붙은 6쪽 분량의「선고유서(先考遺書)」 등 두 편의 글은 생부 김제겸의 유배와 유언과 관련된 내용이다. 한편『유교(遺敎)』라 하여 김창집의 아버지인 문곡 김수항(文谷 金壽恒, 1629~1689)이 사사된 사적까지를

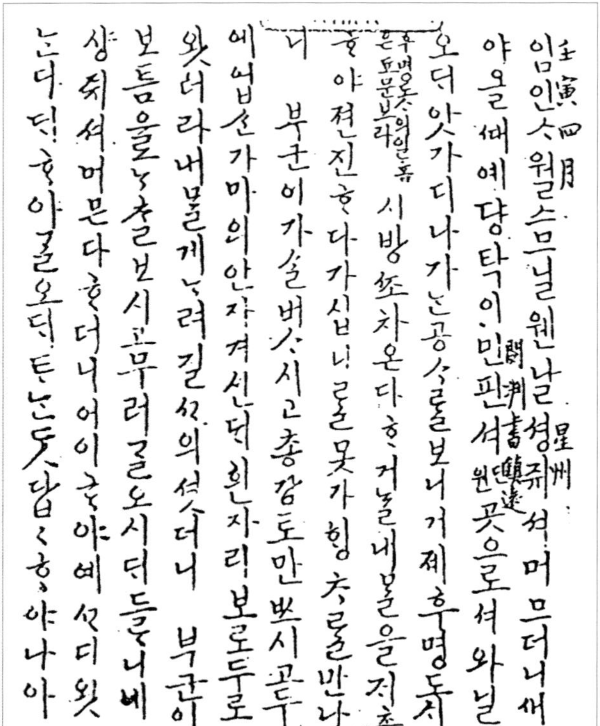

임인(壬寅)ᄉ월(四月) 스므날 웬날 셩쥐(星州)셔 머므더니 새
야올 때예 당탁이 민판셔(閔判書)원(鎭遠) 곳으로셔 와날
오더 앗가 디나가는 공ᄉ롤 보니 거제 후명 독ᄉ
후명은 오ᄉ의 인ᄃ 표문보라 시방 ᄯᅩ 차온다 ᄒᆞ거놀 내 믈을 저측
ᄒᆞ야 젼진ᄒᆞ다가 시ᄇᆞ니 로롤 못가 힝ᄎ롤 만나
니 부군이 가실 버ᄉ시고 총장토만 ᄡᅳ시고 두
에 업ᄉ 가미의 안자 겨신ᄃ 흰자리 보로 두로
왓더라 내 믈게 ᄂ려 길ᄉ의 셔ᄉ더니 부군이
보톰을 ᄂ출 보시고 무러 골오시ᄃ 들ᄂ니 베
상쥐셔 머믄다 ᄒᆞ더니 어이ᄒᆞ야 예셔 디왓
는다 ᄃ ᄒᆞ야 골오ᄃ 트는ᄃ 답ᄒᆞ야 나아

임인유사

합친 3대의 기록 자료에는 이 글이 「임인유교」라고 되어 있어, 이본이 있음을 알 수 있다.[17] 이 글은 사약을 받고 죽음을 기다리는 김창집 부자의 최후의 순간과 유언 등을 보고해 주고 있다는 점에서 유배 문학의 백미라 할 만하며, 기록자가 유배자의 직계 혈육이라는 점과 부녀자들을 위해 한글로 씌어졌다는 점에서 특히 흥미롭다. 김원행의 문집 『미호집(渼湖集)』에 부록으로 전한다.

신임사화는 신축년(1721)과 임인년(1722)에 걸쳐 일어난 사류(士類)들의 참변으로, 왕위 계승 문제를 둘러싼 노소 분쟁(老少分爭)에서 소론이 노론을 역모로 몰아 실권을 빼앗은 사건이다. 이 과정에서 영의정 김창집 등 노론 4대신은 정배 사사되고, 매맞아 죽은 자가 30여 명, 가족으로 잡혀 죽은 자만도 13명이었다. 게다가 유배된 자가 무려 114명, 스스로 목숨을 끊은 부녀자가 9명, 연좌된 자가 연인원 173명에 이르렀다고 한다.

이 과정에서 작품의 주인공이 되는 김창집은 신축년 12월 74세의 나이에 거제도로 유배되고, 큰아들 제겸(濟謙)도 울산으로 유배되었다. 김창집은 이듬해 4월 나국(拿鞫)을 위하여 성주에 이르렀을 때 후명(後命)이 이르러 사사되었고, 아들 제겸은 부령으로 이배되어 8월 24일 적소에서 사사되었다. 제겸의 큰아들이자 원행의 친형인 성행(省行)도 이때 죽었고, 가솔들은 7군(郡)으로 유배되었다. 이렇게 집안이 폐족이 되는 소용돌이 속에서 이 글은 지어졌다.

김창집은 신임사화와 관련하여 그 스스로 『남천록(南遷錄)』을 남겼다. 이 책은 임인년 12월에 거제도로 유배가는 도중과 이듬해(1723) 4

17. 이승복, 「유교(遺敎)」, 『문헌과 해석』 통권 4호, 1998 가을.

월 사사되기 전까지 귀양의 심정과 감회 등을 읊은 시 30제를 모은 것으로, 이 가운데 「술회(述懷)」는 스스로의 생애를 오언고시로 정리한 장편의 자전적 시이다. 이들 시편 외에도 1721년 건저(建儲)를 청하여 연잉군이 왕세자로 책봉되기까지의 일을 기록한 「기건저시사(記建儲時事)」와 사사되기 앞서 아들 제겸과 손주들, 그리고 외손 민백순(閔百順)에게 쓴 편지들이 부록으로 되어 있다.

『임인유사』는 유배객 스스로가 글을 써서 남길 여유가 전무한 인생 최후의 일각, 예정된 최후의 시간이며 생명의 불꽃이 스러져 가는 시간의 기록이다. 죽음 앞에 쫓기는 한계 상황 앞에서 인간은 대체 무엇을 할 수 있을까? 스스로의 죽음 앞에 선 사람은 자신의 시체를 넣을 관에 바를 칠(漆)의 양을 지정하고, 묘지명을 써 줄 사람을 지명하며, 내세에 있을 자신에 대한 심판을 걱정한다. 목욕을 하고 마지막 생명을 지켜줄 밥을 먹으며 후손의 결혼을 걱정하고, 남겨진 재산의 분배에 대한 유언을 남긴다.

특히 이 유사의 주인공들인 안동 김씨 부자는 기사환국 때에 장희빈의 소생[景宗]을 세자로 삼으려는 숙종의 뜻을 반대하여 수난을 당한 선대(김수흥 · 김수항)의 선훈(先訓)을 다시 한번 뼈저리게 되새겨야 했다. 가문의 운명을 뒤바꾼 기사환국의 유훈은 "현요(顯要)한 자리를 피하라"는 것. 이 선훈에 비추어 스스로의 평생을 회고하는 몽와(夢窩)는 유배지에서 글 칠백여 구로 일생의 이력을 기록하여 지나온 자신의 삶을 나타냈다. 그의 아들 제겸은 유아때 혹은 열 살, 스무 살의 어린 나이로 죽거나 벼슬이나 혈족도 없이 죽는 이도 적지 않은데 벼슬이 재상에 오르고 나이는 사십에 자손도 많은 자신의 삶을 들어 스스로를 위로하였다.

사약을 집행할 후명도사의 재촉을 받으며 몽와는 일어나 바로 습의복(襲衣服)을 입고 손톱을 자르고, 절명시(絕命詩)를 한 수 읊었다.

> 임금 사랑하기를 어버이 사랑 같이 하니 / 하늘 날이 붉은 마음을 비치었구나 / 선현의 이 글귀가 / 비절하기가 고금이 한가지라

좌우를 돌아보며 손수 붓으로 글을 쓰고 뜰 아래로 내려가 임금께 사배(四拜)하고 임금이 내린 전지(傳旨)를 들은 후에 다시 사배했다. 청에 올라 임금의 안부를 묻고, 방으로 들어와 자손과 모인 사람 모두의 손을 잡고 "잘 살라"고 인사하며 영결하였다. 이에 자녀 일가 친족들은 천도(天道)가 아무리 어긴다 하더라도 문곡(文谷)의 후손이 어찌 다 보전하지 못할 것인가고 되물어 돌아가시는 이를 위로했다. 그리고 돌아가신 할아버지[先王考]의 임명(臨命)의 기개를 회고하며, 조용하면서 추호도 흔들리지 않는 가문의 전통을 오늘에 다시 확인한다고 했다.

흥미로운 것은 이 대목에서 몽와가 자신의 죽음을 앞두고 금세 죽음 뒤의 세계를 상상하고 있다는 점이다. 그는 한숨을 쉬며 죽음 뒤에 과연 신령이 있는지를 후손들에게 물어, 신령에게도 지각이 있다는 믿음에 동의를 구하고 있다. 조카인 언겸은 영이 있다면 어찌 앎이 없을 것인가고 조심스럽게 죽을 자를 위로한다. 다른 조카 치겸은 "응당 영(靈)이 있지만 다만 산 사람으로 더불어 다른 것은 감동하는 이가 있으면 응(應)하고 상신(喪神)은 고요하여 저절로 운용하지 않을 것"이라고 했다. 조카 신겸도 이 말에 동의하여 제사의 원리로 설명하며, 더구나 한 기를 받은 자손[一氣子孫]은 더욱 다를 것이라는 귀신론을 폈다. 아주 짧은 동안 이들의 학통인 석실서원과 당대의 기호학파의 귀신론을 충

실히 요약하여 죽음에 임한 당사자와 후손들의 사생관을 잘 정리해 주고 있다. 이렇게 해서 돌아가는 이의 안정된 죽음에 대한 준비가 이루어지는 것이다.

한편 북변의 부령에서 같은 죽음을 맞은 몽와의 아들 제겸의 경우, 아버지가 성주에서 사약 앞에 의연했다는 소식을 재삼 확인하면서, 죽음 앞에 선 자신의 태도를 흔들림없이 다잡고 있다. 무술년(戊戌年) 전염병이 온 나라에 창궐할 때도 죽지 않고 지금 죽는 것은 이러나저러나 죽기는 한가지이니 서러워할 것이 없다고 했다. 실제로 1718년(戊戌, 숙종 44)은 각 도에 전염병이 만연하여 사상자가 수만 명에 이른 것으로 기록하고 있다. 그는 마음에 부끄러움이 없으니 마땅히 웃음을 머금고 땅에 들 것이라 하면서, 다만 살아계신 노친(老親)을 걱정했다. 그는 스스로 마음을 가히 질정할 것이며, 의(義)로 욕되게 하는 일이 없을 것이라고 다짐했다.

이 글들은 사약을 받고 죽는 유배객들의 임종의 순간과, 그 순간을 안타깝게 바라보아야 하는 가족들의 종효(終孝)의 기록으로 이 귀양길에는 자식과 일가 친족, 부인에 이르기까지 많은 사람이 함께 여행을 하였다. 글 속에 드러나 있는 인물들만 보더라도 김창집의 귀양길에는 서울을 떠날 때 병든 동생 김창흡(金昌翕)이 양재까지 나와 이별한 것을 비롯해서 손자인 원행(元行)이 줄곧 동행했고, 조카인 신겸 · 비겸 · 언겸 · 후겸 · 양겸 · 치겸 등과 사위인 민창수, 관찰사 민판서, 소홀 찰방 이첨지와 관곽장(棺槨匠)과 후명도사에 이르기까지 그의 뒤를 따라 거제도로 성주로 이동하였다. 여기에는 종복의 이름은 빠져 있다.

이 글에서 자주 이름이 나오는 신겸의 경우, 큰아버지와 큰집 형 제겸과 조카 등의 사사에 골몰하면서, 한편으로 장인이며 4대신의 한 사람

김창흡

김원행

인 이이명(李頤命)과 처남인 이기지(李器之)가 함께 사사되고, 처조카인 봉상(鳳祥) 또한 진도에 유배된 극심한 고통 속에서 이 난국을 헤쳐가야 했다. 그의 처조카 봉상은 1740년이 되어서야 유배에서 풀려났다.

한편 함경도 부령 땅에서 사사된 김원행의 부친 제겸의 귀양길에는 부인이 뒤를 따랐고, 원행을 비롯하여 준행 · 달행 · 탄행 · 니당 등 여러 아들들과 언남이 · 영만이 · 돌몽이 · 삼원이 · 기리쇠 등 종복과 춘선이라는 여종까지 함께 여행하였다.

광녕위(廣寧衛)
요양(遼陽)
요하(遼河)
산해관(山海關)
의주(義州)
북경(北京)
발해(渤海)
천진(天津)
한양
덕주(德州)
제령(濟寧)
흑산도
황하(黃河)
회안(淮安)
제주
양주(揚州)
소주(蘇州)
항주(杭州)
양자강(揚子江)
주산군도
영파(寧波)
우두외양(牛頭外洋)

최부의 노정 지도

7. 최부의 『표해록』

삼면이 바다로 둘러싸인 우리 나라는 삼국 시대부터 서해의 해상권을 독점할 만큼 해양에 익숙했으면서도 표해록을 비롯한 해양 문학이 별로 없다. 그런 가운데, 조선 성종 연간의 관원이었던 최부(崔溥, 1454~1504)가 제주도 앞바다에서 태풍을 만나 표류하다 중국 절강성 영파(寧波) 연안에 표착한 후, 항주와 북경을 거쳐 천신만고 끝에 고국으로 돌아온 기록으로 『표해록(漂海錄)』을 남겼다. 이 책은 그의 호를 따라 『금남(錦南) 표해록』이라고도 부르는데, 최부는 여섯 달 동안 표류로 고생한 기록과 함께, 중국 연안의 해로와 기후, 산천과 도로, 풍속과 민요 등 견문한 내용을 3권의 책으로 함께 엮었다.

최부는 김종직의 문인으로 문과 중시에 급제하여 홍문관 교리에 임명되고 1487년 추쇄관 차관이 되어 제주도로 갔는데, 이듬해 부친상을 당하여 육지로 나오던 중 풍랑을 만나 명나라로 표류하다 돌아온 후 임금의 명으로 이 책을 썼다. 이 보고의 기록은 「중조문견일기(中朝聞見日記)」였으나, 국내에서 한문과 국문으로 간행되면서 '표해록'이라고 이름을 붙였다. 이 글이 임금에게 보고되자 중국의 산천과 풍토 · 습속 등을 눈으로 보지 않아도 알 수 있을 만큼 자세히 기록하였다 하여 조정에서 간행하기를 청했고(『조선왕조실록』 중종 6년 3월 갑자조), 그 뒤에 외손인 유희춘(柳希春)이 1569년 평안도 정주에서 목판으로 출간

하여 널리 읽히게 되었다. 4년 뒤에 남원에서 중간된 것으로 보아 지방의 선비들에게도 관심있게 읽히는 여행 기록이었음을 알 수 있다.

이 책들은 임진왜란 때 일본에 전해져서 『당토행정기(唐土行程記)』와 번역본 『통속 표해록(通俗漂海錄)』 등으로 출간된 바 있다. 1958년에 영역본(존 메스킬, 『최부의 일기, 표해록』)과 중역본(葛振家, 『표해록 - 중국행기』, 1992)이 나와 있어 이 책에 대한 세계적인 관심을 엿볼 수 있다.

최부는 일곱 명의 배리(陪吏)와 제주 현감이 보내준 뱃사람 등 43명과 함께 표류했는데 아버지를 잃은 상주로서 언제나 상복을 입었으며, 조선 선비로서의 명예와 품위를 조금도 흐트러뜨리지 않는 모습을 보여주었다.[18] 그리하여 중국 각 지방의 관리와 민간인들로부터 조선의 관리로 대접을 받고, 명 황제로부터는 고국으로 돌아갈 모든 편의와 함께 말을 상으로 받기도 했다. 그는 귀국하여 고향 나주로 내려가 상을 당한지 반년 만에야 부친상을 치르고 관직에 다시 나갔으나 갑자사화에 연루되어 거제로 유배되고 결국 참형을 당하였다.

표해록은 모두 3권으로 되어 있다. 제1권은 금남이 제주 추쇄경차관으로 현지에 부임한 경위와 함께, 부친상을 당하여 성종 19년 윤정월 13일 배를 띄웠으나 표류하여 중국 영파에 표착, 2월 4일 소흥(紹興)에 이른 내용, 제2권은 2월 5일 항주를 떠나 3월 25일 천진위(天津衛)를 지날 때까지의 내용, 제3부는 북경 회동관에 머물면서 명황제를 만나고 요동반도를 지나 압록강을 건너는 6월 4일까지의 과정을 기록하고 있다. 이것을 다시 표해 부분과 중국 내륙을 여행한 대목으로 나누어

18. 조영록, 「최부의 표해록에 나타난 조선의 선비 정신」, 서인범 옮김, 『표해록』, 한길사.

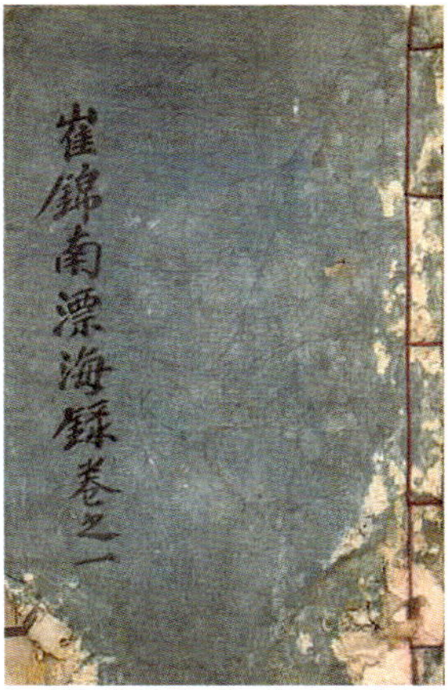

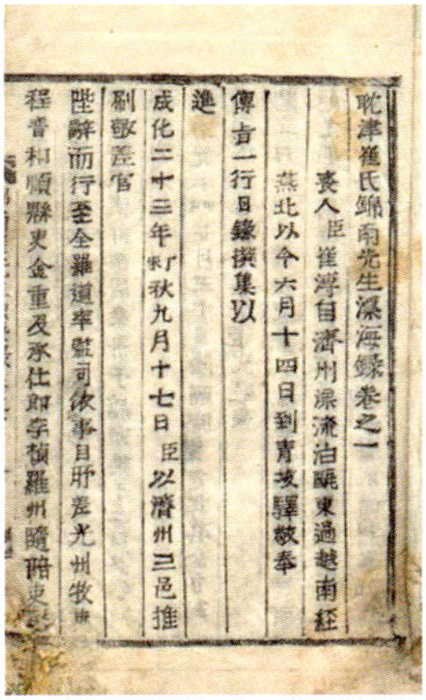

표해록

보면 중국 여행의 기록이 3분의 2 이상이 된다. 따라서 바다를 표류한 놀라움과 고통 속에서도 바다 체험보다 중국의 견문에 치중하고 있음을 보여준다.

특히 조선에서는 매년 두세 번씩 연행사가 중국을 오갔지만 그 길이 북경까지의 연행로에 한정되었던 데 비하여, 이 책은 바닷길로 강남의 절강 · 산동과 연경을 돌아 비교적 자유로운 여행 기록을 남겼다는 점에서 두드러진다. 참고로 조선 시대에 이렇게 뱃길로 강남까지 여행한 기록으로는 19세기 초에 영남 선비 최두찬(崔斗燦, 1779~1821)의 『강해승사록(江海乘槎錄)』이 나오기 전까지 이것이 유일하다고 한다. 뿐만 아니라 이 기록은 한국 문학사에서 바다에 관한 표류의 사적과 중국 강남의 여행 체험을 전해 주는 귀중한 기록으로 평가된다.

8. 강항의 『간양록』

『간양록(看羊錄)』은 젊은 문인학자였던 강항(姜沆, 1567~1618)이 정유재란(丁酉再亂) 때 고향인 전라도 영광 앞바다에서 가족들과 함께 왜군에게 잡혀 일본에 끌려갔던 4년간의 전란 체험을 기록한 한문 실기이다. 내용은 「섭란사적(涉亂事跡)」과 왜국 사정을 임금에게 보고하는 「적중봉소(敵中封疏)」, 그리고 일본에 잡혀 온 포로들에게 고한 격문[告俘人檄] 등으로 되어 있다.

강항은 전라도의 군량을 독려하는 직책에 있었는데, 정유재란이 일어나자 가족들과 함께 배를 타고 피난을 가던 중 포로로 잡혀 일본으로 끌려갔다. 강항이 잡힌 무안 앞바다에는 왜군의 배가 육칠백 척 있었는데, 포로를 실은 배만 해도 100여 척이 넘었다고 한다. 다른 포로들과 같이 강항은 가족과 함께 바다로 뛰어들었으나 곧 붙잡혀 일본으로 끌려갔다. 아흐레를 굶으며 살아남은 조선 포로들이 대마도를 거쳐 명호옥(名護屋)과 하관(下關)을 지나 사국(四國)섬에 이르렀을 때는 잡힌 지 한 달 만이었다. 굶주림에 지친 조선 포로들이 장빈(長浜)에 상륙하였을 때는 열 걸음에 아홉 번을 넘어지는 형편이었다.

대진성(大津城)에서 새해를 맞은 강항은 정초의 며칠 사이에 작은형과 중형의 자녀들을 차례로 병으로 잃는 고통 속에서도, 명나라 군사가 울산에서 왜군을 대파했다는 소식을 듣고 기쁨에 못이겨 시를 지었다.

그리고 항복하고 귀순하는 왜병이 많다는 소식에 박수를 보내며, 적정(敵情)을 보고하는 봉소(封疏)를 세 차례나 고국으로 보냈다.

강황

이해 5월 말에는 포로가 된 다른 사람들과 함께 발에 피가 맺히도록 걸어서 도망을 쳤지만, 다시 왜병에게 잡혀 대진성으로 끌려갔다. 그해 9월에는 그의 학문이 인정을 받아 경도(京都)로 옮겨지고, 1600년 5월 부산에 쇄환(刷還)될 때까지 하루에도 창자가 아홉 번이나 뒤틀리는 포로 생활을 견디었다고 전한다. 이런 모든 기록이 「섭란사적」과 「적중봉소」에 자세하게 적혀 있다.

임진 왜란의 역경은 강항으로 하여금 조선의 양반으로서 뼈아픈 자기 반성과 함께 바깥 세계에 대한 새로운 경험을 하게 했다. 그는 무술년(1598) 7월 풍신수길이 죽었다는 소식을 조정의 임금에게 비밀리에 알리면서, 수길의 원당(願堂)인 대불사에 그를 비판하는 시를 써 붙이고, 조선인의 코 5만 개를 묻었다는 이총(耳塚)을 찾아 동포들과 함께 제사를 지냈다. 특히 그가 4년 동안의 포로 생활을 통해서 신유학(新儒學)을 일본에 전한 공적은 일본 학술과 사상사에서 거의 절대적이다. 임진왜란 때의 포로 일기로는 이밖에도 정유재란 때 일본에 끌려갔던 노인(魯認)의 『금계일기(錦溪日記)』와 정희득(鄭希得)의 『월봉해상록(月峯海上錄)』이 있다.

최익현 초상 채용신, 조선 시대, 국립중앙박물관

9. 외국의 유배객들

시대에 따라서는 국제 정치의 소용돌이 속에서 인질 등으로 외국에 유배되는 예가 적지 않았다. 즉 병자호란 때 인조의 아들 소현세자(昭顯世子)와 봉림대군(鳳林大君, 뒤에 효종)이 심양으로 끌려갔던 일이 있었고, 이 때의 일을 세자 시강원에서 기록한 『심양일기』가 있다. 소현세자는 1627년 정묘호란과 1636년 병자호란 때 봉림대군과 함께 심양에 8년간이나 볼모로 잡혀 있었었고, 이 때 「심양장계(瀋陽狀啓)」를 남겼다.

이밖에 최익현처럼 일본의 대마도에 유배된 보기도 없지 않다. 그는 1873년 조선 말기의 호조판서로 대원군이 만동묘(萬東廟)와 서원을 폐지하자 그 시정을 건의하는 상소를 올려 대원군의 정책을 비판하다 제주도에 귀양간 바 있었고, 1905년 을사보호조약이 체결되자 이를 반대하여 이듬해 6월 전라도 순창에서 제자 임병찬 등과 함께 의병을 일으켜 항전하다 잡혀 임병찬 등과 함께 대마도로 유배되었다가 단식으로 죽었다.

제4장

사행의 기행 문학

1. 천하로 통하는 연행로
2. 연행록의 삼가(三家)와 『노가재 연행일기』
3. 18세기의 연행록 – 『열하일기』와 『을병연행록』
4. 신유한의 『해유록』

土默特右翼
科爾沁左翼
烏剌界

연행 노정을 그린 입연정도도(入燕程途圖) 규장각

1. 천하로 통하는 연행로

중국과의 외교 관계로 오간 사신의 외국 체험은 조선조에 한정하더라도 5백편 이상의 연행록(燕行錄)이란 방대한 여행자 문학을 이룩하였고, 일본으로 오간 통신사 일기 또한 그 수가 수십 편에 이른다. 그중에도 중국 여행이야말로 지난 시대에 한민족이 겪어 온 외국 체험, 세계 체험의 중심을 이루었다. 이런 사실은 역사 이래로 한국과 중국이 맺어 온 외교 관계의 제도적 중요성을 반증하는 것이다. 오랫동안 동아시아에서 중국은 바로 '천하(天下)' 였고, 이 연행의 노정이야말로 세계로 통하는 길이었다. 따라서 동지사(冬至使)니 사은사(謝恩使)니 하는 사행의 목적 외에도, 연행자들에게 북경 여행은 일종의 수학 여행과 같은 것이었다. 이것은 저 18세기 영국인에게서 흔히 볼 수 있는 '대여행(grand tour)'과도 같은 것으로 그들이 하는 프랑스나 이탈리아 여행이 마치 이와 같았다.

17~18세기를 기준으로 조선의 젊은 선비들이 중국 여행에 걸었던 기대는 과거 시험에 급제한 것과 같은 기쁨이었다. 북학파의 선구자 홍대용(洪大容)은 하늘이 사람을 낼 때 쓸 곳을 다 점지하시는데, 자신 같은 궁생에게는 중국 여행이나 시키시는 모양이라고 노래한 바 있다. 사신들의 외국 여행에는 일가친지들이 함께 움직여 수백 명의 수행원이 따랐다. 국경을 함께 넘지는 못하더라도 서울을 떠나 목적지에 이르기까

지 많은 일가친척과 친구들이 사신을 따라 국내를 여행했다. 서울에서 하룻길인 벽제는 이러한 배웅객들로 항상 북적였고, 어떤 이는 열흘이나 스무 날씩 평양이나 의주까지 함께 따라가며 헤어지지 못했다. 국경을 사이에 두고 압록강에서 헤어져야 할 때에는 강가의 돌을 깨뜨려 반 조각씩 나누어 가짐으로써 이별의 신표로 삼기도 했다.

공식적으로 국경을 넘는 인원은 1년에 1천 명 정도 되었다. 조선 시대에는 정기 사절단이 두 차례 이상 연행길에 올랐고, 30여 명의 공식 사절이 한번 떠나는 행차에는 사오백 명의 수행원이 뒤따랐다. 대단한 학식을 갖춘 자제군관(子弟軍官: 사행길에 따라가는 사신의 자제)에서부터 짐꾼과 말몰이꾼에 이르기까지 수백 명의 수행원 중에는 북경을 마흔 번이나 오갔다는 사람도 적지 않았다. 게다가 북경을 한번 다녀오는 기간은 여섯 달 이상 걸리는 것이 보통이었는데, 동지사와 하지사가 교차하여 떠났으므로, 1천 명 가까운 조선 사람들이 늘 이 연행길에 있었던 셈이다.

흥미로운 점은 김경선이 평가한 바 연행록의 삼가(三家: 3대 연행록의 저자로, 『노가재 연행록(老稼齋燕行錄)』의 김창업, 『담헌연기(湛軒燕記)』의 홍대용, 『열하일기(熱河日記)』의 박지원)가 모두 18세기 동시대의 인물들이며, 이들의 연행록이 세 가지 글쓰기 방식의 모범으로 그 특징을 인정받았다는 점이다. 또 18세기는 서양에서도 대항해 시대, 대여행의 시대였다고 할 수 있는데, 동아시아에서도 조선의 연행사와 통신사를 주축으로 활발한 여행의 시대가 열리고 있었다. 뿐만 아니라, 연행록의 삼가를 비롯하여 해행록에서도 신유한(申維翰)의 『해유록(海游錄)』이 모두 이 시대에 나온 작품으로 그야말로 18세기는 기행의 시대였다.

일찍이 김태준(金台俊)은 『조선한문학사』에서 『열하일기』와 『해유록』을 한국 문학의 '2대 기행 문학'으로 평가하고 『노가재 연행록』을 높이 평가한 바 있는데, 김경선이 말한 '연행록의 삼가'는 이 『노가재 연행록』의 문학사적 중요성을 배가한다. 그런 점에서 노가재와 같은 해에 마침 일본을 여행하고 있었던 조태억(趙泰億)의 『강관필담(江關筆談)』(1712)이나 1719년에 해행했던 신유한의 『해유록』을 비교해 읽으면, 이웃 나라에 대한 이들의 관심과 세계에 대한 이해의 폭을 가늠할 수 있다.

2. 연행록의 삼가(三家)와 『노가재 연행일기』

연행자들의 여행 체험은 수많은 연행록으로 남아 전한다. 그중에서도 조선 시대의 연행록으로 노가재 김창업(老稼齋 金昌業, 1658~1721)의 연행록은 단연 첫손에 꼽히는 연행록의 교과서라고 할 수 있다. 조선 시대에는 해마다 세 차례 이상 사절단이 중국 여행길에 올랐고, 연경에 갔던 선비들 대부분이 기행문을 남겼다. 그런데 조선 시대의 말엽에 나온 김경선(金景善, 1788~1853)의 『연원직지(燕轅直指)』(1833)에서는 이 『노가재 연행록』을 담헌 홍대용의 『담헌연기』(1765), 연암 박지원의 『열하일기』(1780)와 함께 '북경 기행문의 삼가'라고 평가했다. 그의 평가에서는 이 삼가의 연행록 글쓰기의 특징이 훌륭히 정리되어 있어서 연행문학의 이해를 위한 중요한 실마리를 제공해 준다.

> 연경에 갔던 사람들이 대부분 기행문을 남겼는데, 그중 삼가(三家)가 가장 저명하니, 노가재 김창업, 담헌 홍대용, 연암 박지원이다. 사례(史例)로 말하면 노가재는 편년체(編年體)에 가까워 평순하고 착실하며 조리가 분명하고, 홍담헌은 기사체(記事體)를 따랐는데 전아하고 치밀하며, 박연암은 전기체(傳記體)와 같은데 문장이 아름답고 화려하며 내용이 풍부하고 해박하다. 모두 스스로 일가를 이루어 각기 그 장점을 가지고 있으니, 이를 이어 기행문을 쓰

려는 자가 또한 이보다 더 나을 수 없을 것이다.

위의 보기 글에서는 이 삼가의 기행문 쓰기를 특히 '사례(史例)'에 비겨 '편년체', '기사체', '전기체'로 정리하고, 이어서 김창업의 글에 대하여 "날을 달에다 붙이고 달을 해에다 붙인(稼齋之日繫月 月繫年也)" 방식이라 하여 '편년체'라는 글쓰기의 성격을 부연하고 있다. 이것은 한문본 『노가재 연행록』을 논한 것이겠으나, 국문본 또한 일기체로 되어 있어 두 본 모두의 특징을 잘 드러내 준 설명이라고 할 만하다. 게다가 편년체에 가까운 문체로서 "평순하고 착실하며 조리가 분명하다"는 조건을 들어 다른 이가(二家)와 구별되는 장점으로 평가했다.

『노가재 연행록』은 동시대의 홍대용이나 박지원은 물론, 다음 19세기의 김경선까지도 모두 이 책으로 중국과 중국 여행에 대한 교양을 넓혔고 또 연행의 필수 안내서로 여장 속에 휴대한 책이었다. 그리고 자

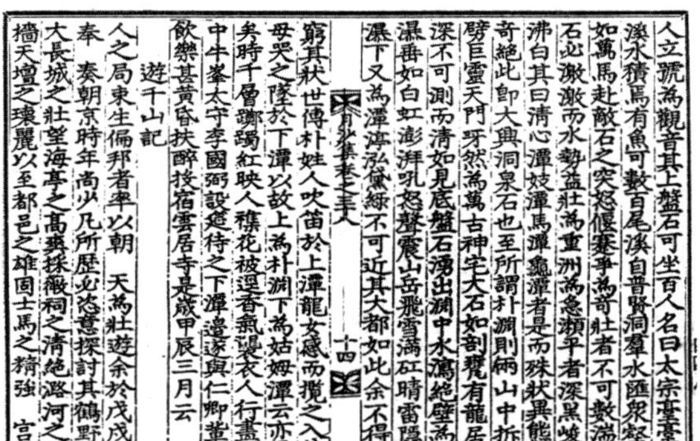
人立號爲觀音其上盤石可坐百人名曰太宗臺臺下
溪水積焉有魚可數百尾溪自普賢洞羣水匯衆壑趨
如萬馬赴敵石之突怒偃蹇爭爲奇壯者不可數湍遇
石必激激而水勢益壯爲重洲爲急瀨平者深黑峻者
沸白其曰淸心潭妓潭馬潭龜潭者是而殊狀異態皆
奇絶此卽大興洞泉石也至所謂朴淵則兩山中拆若
劈巨靈天門豁然爲萬古神宅大石如剖甕有龍居之
深不可測而淸如見底盤石湧出淵中水瀉絶壁爲長
瀑垂如白虹澎湃吼怒聲震山岳飛雪滿空晴雷隱隱
瀑下又爲潭渟泓黛綠不可近其大都如此余不得以
月沙集卷之三十八　十四
窮其狀世傳朴姓人吹笛於上潭龍女感而攬之入其
母哭之墜於下潭以故上爲朴淵下爲姑姆潭云亦異
矣時千層躑躅紅映人襟花被逕香氣襲衣人行畫圖
中牛峯太守李國弼設筵待之下潭邊遂與仁卿輩縱
飮樂甚黃昏扶醉投宿雲居寺是歲甲辰三月云
遊千山記
人之局束生偏邦者率以朝　天爲壯遊余於戊戌冬
奉　奏朝京時年尙少凡所歷必恣意探討其鶴野之
大長城之壯望海亭之高爽採薇祠之淸絶潞河之颿
檣天壇之瑰麗以至都邑之雄固士馬之精強　宮廟

이정구의 「유의무려산기」

신들의 일기 속에 노가재의 기록을 화두로 경치를 논하고 그 견문의 우열을 논하며, 자기들의 여행의 체험을 부연해 갔다. 마찬가지로 홍대용이나 박지원의 연행록이 다시 후배 연행자들에게 교과서와 안내서로 되었던 내력을 김경선은 그 연행록의 머리말로써 증언해 주고 있다. 그러나 또한 김창업 스스로도 월사 이정구(月沙 李廷龜)의 「각산 여산 천산 유기록(角山閭山千山游記錄)」 등 선배들의 여행기를 안내 지도와 함께 행장에 휴대하여 일기에 참고하고 있었던 만큼, 이 『노가재 연행록』은 연행 문학사의 역사로서 획기적 저작이라고 할 수 있다.

김창업이 연행했던 18세기 초(1712)는 청나라 제4대 강희제(康熙帝)가 위에 오른 지 51년이 되는 청나라의 전성기였다. 더구나 바로 이 해인 1712년은 백두산 정계비를 세워 두 나라 사이의 경계를 확정하고, 사행의 예단(禮單)과 국경을 넘는 조선 사람의 사의(查議: 통관 검사)를 감면하는 새로운 외교 관계를 정립한 획기적인 해였다. 따라서 이 임진사절(壬辰使節)은 이런 두 나라 사이의 관계 개선과 함께, 파견 사행의 횟수와 연례 공물(年例貢物)을 줄여서 시행하는 데 대한 사은(謝恩)과 절사(節使)의 목적이 있었다.

한편 김창업 개인으로서는 친형인 정사(正使) 김창집(金昌集)의 자제군관으로 자유로운 구경이 목적인데다가, 그 스스로 화가이며 산수에 매우 능통하였으므로 문학적 기행 일기를 쓰는 데 관심을 집중했다. 따라서 책머리에는 「산천풍속총록」과 「왕래총록」 등이 먼저 실리고, 「북경유람일기」(제4 · 5 · 6권)와 「각산 의무려산 천산유람기」(제8 · 9권) 등이 일기의 중심이 되고, 홍대용과 박지원 등으로부터 비판을 받을 만큼 건물과 그림에 대한 관심을 기울인 특색 있는 연행 일기를 남겼다.

3. 18세기의 연행록 – 『열하일기』와 『을병연행록』

앞에 인용한 '연행록의 삼가' 론은 『노가재 연행록』의 체재와 유형은 물론, 연행록 일반의 이해에도 이바지하였다. 김경선은 먼저 연행록 삼가의 문체적 유형을 노가재의 '편년체' 와 담헌의 '기사체', 연암의 '전기체' 로 나누고, 이를 좀더 부연하여 노가재의 연행록이 날짜순으로 여정을 따라 글을 써 가는 일기 형식으로 역사 기술의 편년체에 가깝다고 했다.

이런 글쓰기는 날짜와 연대가 중요하고, 날짜에 따른 여행의 과정을 충실히 기록할 수 있는 것이 특징이다. 글이 "평순하고 착실하며 조리가 분명하다"는 말은 이런 글쓰기의 장점을 잘 살린 평가일 것이다. 그래서 책이름도 '연행 일기' 로 된 이본이 많고, 다른 연행록들도 이런 체재를 취한 것이 많다. 『노가재 연행일기』는 일기로 적을 수 없을 경우, '~ 물목(物目)' 이나 '~ 총록(總錄)' 과 같은 별록을 책머리에 따로 붙이는 방식을 취하고 있다.

이에 비하여 『담헌연기』는 날짜에 중점을 두기보다는 사건이나 명소, 인물 등 주제의 본말(本末)을 밝혀 기술하는 방식을 취했는데, 이를 '기사체' 라고 했다. 이런 체재로 담헌의 연기는 "전아하고 치밀하다"고 했는데, 특히 중국 선비들과의 교우사(交友事)와 서양에 대한 이해와 같은 주제에 치밀하여 박연암 등 북학파들에게서 높은 평가를 받았다.

담헌 홍대용 초상 연행중에 청나라 선비 엄성(嚴誠)이 그림.

『열하일기』는 특히 홍대용의 연행록의 주제들에서 25가지 이상의 화두를 찾아 부연하고 있다.[19]

다른 한편 홍담헌은 이런 기사체의 단점을 해결하고 한글 독자에게 읽히기 위해서 한글본 『을병연행록』을 일기체로 따로 썼다. 한문과 한글의 두 가지의 체재, 곧 주제별 기사체와 날짜별 일기체의 두 가지 체재의 연행록을 남긴 것이다. 이 한문본과 한글본의 이중 구조는 노가재나 연암의 경우도 국문 번역의 방식으로 남겼다. 특히 『열하일기』 한글본이 출현하여 연행록의 이중 구조에 대한 관심을 불러일으켰다.[20] 또 『열하일기』는 "전기체와 같으며 간혹 자기 의견으로 발론(發論)한" 체재라 하였는데, 말하자면 위의 두 유형인 일기체와 기사체의 장점들을 종합한 글쓰기라 할 수 있다.[21] 곧 여정은 편년체 일기 방식으로 기술하면서, 중요한 주제는 기(記)나 설(說) 등의 방식으로 독립시켜 적당히 배치하는 방식을 쓰고 있다.

한편 『노가재 연행일기』의 체재는 한문 일기 외에, 한글본 『연힝일기』가 따로 지어져 있어 더욱 주목된다. 한문 일기가 주류를 이루는 연행록 문학에서 한글 연행록이 출현하는 것은 『노가재 연행록』보다 90여 년 앞선 인조 1년(1623)인 계해년 연행 사절의 정사 조즙(趙濈 1568~1631)이 쓴 『계해수로조천록(癸亥水路朝天錄)』으로 알려져 있다.[22] 이어서 노가재의 한글본 연행 일기가 나오고, 홍담헌의 『을병연행

19. 졸고, 「『熱河日記』를 이루는 홍대용의 화제들」, 『한국문학의 동아시아적 시각』 1. 1999.
20. 졸고, 「『열하일기』 한글본 출현의 뜻」, 『민족문학사연구』 제19호, 2001 참조.
21. 김명호, 『熱河日記研究』, p. 155, 1990, 창작과비평사.
22. 최강현, 「계해수로조천록」 해제, 신성출판사, 2000.

록』(1766)과 서유문(徐有聞)의 『무오연행록』(1798)이 본격적 한글 연행록으로 씌어졌다. 최근에는 박연암의 『열하일기』 한글본이 발견되었는데, 특히 노가재의 한글본 연행 일기는 연행록이 한글 독자를 위해 이중 구조로 씌어진 초기 작품이라는 점에서 주목된다.

이렇게 노가재는 연행록을 한문본과 국문본의 이중으로 남겼을 뿐 아니라, 『연행훈지록(燕行塤篪錄)』이란 이름의 한시집을 또 하나의 연행록으로 남기고 있다. 그는 이 연행을 통해서 매일 일기를 쓰는 한편 연행 일정에 따른 402수의 한시를 따로 남겼고, 그중 178수의 연행 한시가 전해져 온다. 여기서 '훈지(塤篪)'란 『시경』에 나오는 악기의 이름으로 형제가 화답하여 연주한다는 뜻이며, 노가재의 시에 화답한 형 김창집의 『연행훈지록』이 또 따로 있어서 희한한 '노가재 연행록 무리[群]'를 이루고 있다. 게다가 스스로 상당한 문장가이면서도 별다른 문집을 남기지 않은 노가재가 이 연행록에 심혈을 기울였고, 대대로 중국을 여행해 온 집안에서 나온 연행록이라는 점에서도 이 책은 가히 연행록의 교과서이며 연행 역사의 한 획을 이루는 작품이다.

노가재의 한글본 『연힝 일긔』는 자유로운 여행자의 유람 일기란 점에서도 연행 문학의 교과서적 특징을 보인다. 자제 군관으로서 노가재는 사행과는 별도로 혼자 유람한 거리가 모두 6백75리나 된다(3월 30일 일기)고 했고, 연행록 제1권 권두 별록 10여 장 가운데서도 가장 많은 분량을 「산천 풍속 총록」에 배당하였다. 의무려산과 천산의 유람기는 이 일기 가운데서도 단연 압권이다. 또 그의 산해관 기행은 중국의 지방 지리지에 실리고 다시 역사 지리서에 실려 오늘에 전한다.[23] 그러나

23. 「游角山寺記」, 朝鮮 金昌業, 吳洪林 主編: 『歷史名城山海關』 新華出版社, 北京. 1991. pp. 214-17.

이승훈이 영세를 받은 북경 선무문 안의 천주교 남당

이 노가재 연행록의 교과서적 가치는 노가재와 그 가문이 쌓아온 중국과의 관련성, 즉 중국 이해의 무게에 있다. 또한 이 책에는 노가재 자신의 풍부한 여행 일기는 물론, 형님인 정사 김창집과 창화한 두 개의 『연행훈지록』, 그리고 80여 수의 한시로 된 삼연의 「상상의 연행록」이 실려 있어 가히 연행의 노정과 문학 지리와 중국 체험의 총화라 할 만하다.

18세기가 되면 조선 연행자들의 가장 큰 관심은 천주당과 유리창(琉璃廠)에 있었다. 천주당에는 서양 학문에 밝은 선교사들이 있었고, 유리창에서는 이름 있는 지방 선비들이 이곳에서 진을 치고 교류하며 과거 준비를 하고 있었다. 이들과 사귀고 문통하는 일은 조선 여행자들의 더할 수 없는 소망이며 기쁨이었다. 그렇게 사귄 청나라의 학자들은 대를 이어 여행하는 조선 선비들과 친구가 되어 서로 마음을 열고 사귀었을 뿐만 아니라, 학문을 논하고 우주를 이야기했다.

여행자들의 문명 체험은 여기서 그 절정을 이루었으니, 『을병연행록』이나 『열하일기』는 그런 연행자의 체험을 대변하는 글들이며, 후대의 교과서가 된 기록들이었다. 특히 박연암은 찬란한 문체와 열하까지 여행한 독특한 체험으로 그 문명을 날렸다. 이 연행의 기록들은 읽는 사람들로 하여금 다시 그 여행길에 오르지 않을 수 없도록 부추겼다. 그래서 박제가의 『북학의(北學議)』와 같은 명저를 낳게 했고, 이른바 '북학파'와 같은 새 학파가 깃발을 들게 하였다.

이와 같이 18세기 실학파의 정신은 오랫동안 웅덩이에서 썩어가고 있던 자국의 학문에 새로운 바람을 불러일으킨 힘이었다.

4. 신유한의 『해유록』

청천 신유한(青泉 申維翰, 1681~1752)의 『해유록(海游錄)』은 1719년 기해 통신사(己亥通信使)의 제술관으로 일본을 다녀온 기행 일기로, 『해행총재(海行總載)』 가운데 백미라고 할 수 있다. 모두 열두 번 이루어진 조선 통신사행 가운데 일곱 번째인 1682년의 임술 사행(壬戌使行)과 여덟 번째인 1711년의 신묘 사행(辛卯使行), 아홉 번째인 이 기해 사행은 한일 문사의 교류가 가장 활발하게 이루어졌던 사행이었다. 신유한이 제술관이었던 기해 사절은 일본 도쿠가와 가(德川家)의 제8대 장군 요시무네(吉宗, 재위 기간 1716~1752) 습직의 축하 사절로서 총 479명으로 구성되었다. 또한 신유한 등이 우삼방주(雨森芳州) 등 수십 명의 일본 문인과 교류하고 이 훌륭한 기행문을 남겼다.

통신사행의 제술관은 정사와 부사 · 종사관의 다음 자리로 조정 문신 가운데 특별히 문장이 뛰어난 사람 중에서 선발되었으며 통신사행의 전례(典禮)와 문화에 관한 사항을 전담하는 직책이었다. 제술관의 첫 번째 임무는 자국의 문화를 선양하는 일이었다. 1년여에 가까운 여정을 통하여 신유한은 자신의 시문을 얻으려고 전국에서 모여든 일본인들의 문화적 욕구에 대응했고, 일본의 유학과 시문의 수준에서 문학적 교양의 밀도를 비교 확인하였다.

통신사행은 서울에서 부산까지 간 다음 주로 바닷길로 대마도와 아

통신사길
*지명 고침: 아카마카세키(下關) → 시모노세키, 아이노(藍島) → 아이노시마, 실진(室津) → 무로즈, 오카자키(靜岡) → 시즈오카

카마카세키(下關)와 세토 내해(瀨戶內海)를 거쳐 오사카(大坂)에 이르고, 다시 육지로 에도(江戶)에 이르는 길을 왕복하는 노선이었다. 살아서 다시 돌아올 수 있을지 기약할 수 없는 바닷길에 대한 두려움, 낯선 오랑캐땅으로 간다는 불안감, 그리고 임금의 국서를 죽음을 무릅쓰고 전해야 한다는 의무감이 큰 여행이었다. 남용익(南龍翼)의 『부상록(扶桑錄)』에 따르면, 임금이 하직하는 사신들에게 "이 걸음이 북경에 가는 것과 다르니 내가 이를 애처롭게 여긴다"고 위로한 대목이 있다. 이 해행이 '북경길' 곧 연행과 다르다는 표현은 바닷길의 험난함을 뜻하는 것이지만, 또한 '사대와 교린'의 차이와 일본을 오랑캐로 천시하던 외교적 관념을 포괄하는 뜻이기도 하다. 일본 사행길은 죽음의 길이라 하여 가족들이 부산까지 환송하는 것을 금하기도 하였는데, 신유한 일행의 이 여행은 261일이나 걸린 장기 여행이었다.

신유한은 전대의 통신사 일기들에 보이는 일본 폄하 일변도와는 사뭇 다른 여행자의 호기심과 미지의 세계에 대한 적극적 관심을 나타내고 있어 주목된다. 그는 부산 앞바다에서 벌써 들뜬 여행의 기대를 나타내기를, "기쁘도다 수풀 속의 한 마리 새가/ 바람 탄 대붕과 함께 하늘을 난다"(기해년 6월 6일, 「和呈三首」)고 했고, 일본의 남도(藍島)에 이르러서는 그 경치에 감탄하여 일본이 부상(扶桑)의 나라라며 장자의 「소요유(逍遙遊)」를 읊기도 했다.

그는 이 남도의 경치를 묻는 물음에 대하여, "내가 지금 황홀하여 정신을 차릴 수가 없는데, 만일 나로 하여금 길이 이 속에 살 수 있게 한다면 바로 날개가 달려 신선으로 날아갈 수 있으리라"고 했다. 그는 바람 때문에 이곳에 9일 동안 머물면서도, 최간이(崔簡易)의 시를 소개하여 스스로를 삼일포의 신선에 비기기를 서슴지 않았다.

마상휘호도 부분

그러나 이런 해상의 절승(絕勝)한 땅이 이무기나 고래와 같은 오랑캐와 이빨에 검은 물 들인 계집들이 짝지어 앉은 자리가 된 것을 조물주의 실수로 돌리는 신유한은 또한 일본이 경제적으로 풍족하고 사치한 모습에서도 가석하다는 반응을 보인다. 그것은 대개 그가 유교적 문명성의 기준으로 일본을 비판하는 데서 오는 반응이다. 그는 대판의 화려한 문물을 전하면서, 구경하는 남녀가 비단옷으로 거리를 메우고 그들이 묵은 절이 화려하며 물건이 넘쳐난다는 기록으로 가득 채우고 있는데 이러한 번화와 부귀를 누릴 유교적 문명성으로서 시의 교양과 유교적 예의가 전무한 것을 비판하였다.

> 일본의 성리학은 하나도 들을 만한 것이 없다. 대개 그 정교(政教)와 민풍(民風)이 군사(軍事)가 아니면 불(佛)이므로 국내에 문고와 향교, 공자를 제사지내는 곳이 없고, 또 임금과 부모의 상복도 없으니, 그 인민의 착한 본성은 하늘에서 타고났지만 어디로부터 도덕을 들어서 알겠는가? (「문견잡록」)

> …… 규모가 이와 같고 사람을 등용함이 이와 같고 의식과 제도가 이와 같은데도 부국강병의 장구한 낙을 누리니, 실로 알 수 없는 일이다. (기해년 10월 1일)

이런 그의 유교적 명분론과 성찰의 부족은 18세기 일본의 발전에 대해 안이한 판단을 하게 했다. 이것은 같은 시대 연행을 했던 김창업(金昌業)의 실학적 보고 문학과 비교하더라도 아쉬운 바가 없지 않다. 그러나 신유한은 대마도로부터 아이노(藍島) · 가미노세키(下關) · 우시마

통신사의 구성원들
위: 부사(좌), 제술관(우) 아래: 겸인(좌), 군관(우)

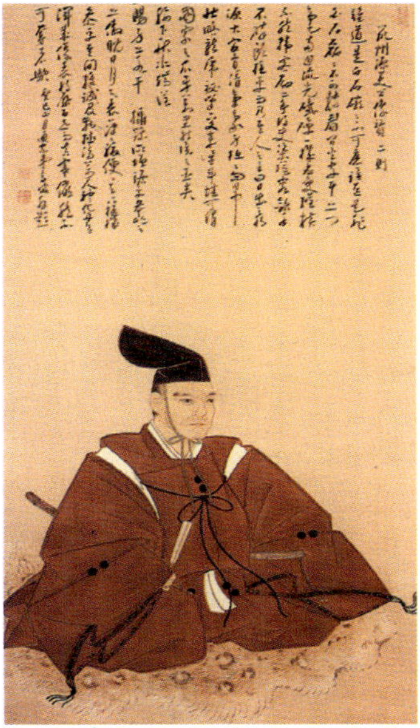
일본 최고의 지식인 신정백석

당대 최고의 조선통이었던 우삼방주

도(牛窓) · 나고야(名古屋) · 오사카 · 에도의 각 지방마다 수많은 문인 학자들과 창화하여 그 수가 수십 명에 이르렀을 뿐 아니라, 하루에도 수십 명씩 몰려드는 일본 사람들에게 시를 써 주는 등 문명을 드날렸다. 당대 일본의 최고의 학자였던 신정백석(新井白石)과는 만나지 못했지만 그와 관련한 많은 관심과 기록을 남겨 주고, 우삼동과의 교류는 한일 문화 교류의 가능성을 확인시켜 주었다. 그의 『해유록』은 통신사 일기의 압권이라고 할 수 있다.

제5장

현대의 기행 문학

1. 유홍준의 『나의 문화유산답사기』

2. 한비야의 오지 여행, 『걸어서 지구 세 바퀴 반』

해남 두륜산

1. 유홍준의 『나의 문화유산답사기』

유홍준(1949~)의 이 답사 기행문은 비교적 새로운 형태의 여행 문학으로, 답사라는 여행의 양식과 답사기라는 새로운 기행 양식을 대중화한 획기적 작품이다. 혹은 역사 문화 유산을 답사하는 여행의 기록이라는 점에서 역사 기행문이라고도 하며, 한국의 1990년대 중반의 베스트 셀러의 흐름을 바꾼 책으로 이름높다. 곧 대중을 위한 본격 인문 교양서가 밀리언 셀러가 되고, 이른바 '논문 스타일'의 글말에서 벗어나 현장감이 살아나는 입말을 구사하는 글쓰기로 독자군을 문화 쪽으로 바꾸어 놓은 책이다.

"우리 나라는 전 국토가 박물관이다"는 말로 머리말을 시작하는 이 답사기의 전제는 먼저 우리 나라가 참으로 좁은 땅이라는 인식과 함께, 이 좁은 땅덩이에서 오랜 역사를 이어왔기에 온 국토가 박물관일 수 있다는 인식에 서 있다. 그러나 아무리 온 국토가 박물관이라 하더라도 여기에 스스로 '역마살'이 끼었다고 말하는 여행자가 있어야 그것은 충족되는 조건이다. 그래서 그는 모두가 이 국토 박물관에 사랑과 관심을 가지도록 촉구하고, 그러기 위해서 전공의 영역을 일반 독자들에게 읽히는 교양적 글쓰기로 다가갔다.

이런 새로운 글쓰기는 적중하여 모두 3책을 내어 짧은 기간 안에 인문학 최고의 베스트 셀러를 만들었을 뿐 아니라, 그 명성이 북한에까지 알려져 『나의 북한문화유산답사기』 2권을 이어서 내는 성과를 거두었다. 그는 문화 유산 답사기를 먼저 신문 잡지에 연재하고, 다음에 이를 '답사기체'로 고쳐 개고해 냈다. 그는 이 문화 유산 답사를 거듭하면서 온 국토가 박물관인 우리 땅을 재발견하고, 우리의 유구한 문화 유산을 더욱 아름답게 해석해 냈다. 그리하여 서양 지향의 우리의 정신 지형을 내것에 대한 관심으로 바꾸고, 분단 조국의 문화와 산하가 둘이 아니라 하나라는 것을 가장 명쾌하게 설득하는 데 이바지했다. 그리고 무엇보다도 온 국토를 그의 답사기를 든 답사객으로 가득차게 만들었다.

지은이는 이 방대한 분량의 문화 유산 답사기의 첫 장을 '남도 일번지'라 하여 국토의 가장 뿔빠진 땅끝인 '강진, 해남'에 배정하고 있다. 국토의 최남단으로, 지금까지 별로 주목받지 못하던 이곳을 지은이가 스스로의 문화 유산 답사기의 제1장 제1절로 삼은 뜻은 독자들로 하여금 '답사 여행'의 자세를 가다듬게 한다. 답사라면 으레 경주나 부여, 혹은 공주와 같은 옛 왕도의 화려한 구경이라고 아는 상식부터 깨야 한다는 지적, 그리고 그는 지난 20년 간 '답사의 광(狂)'으로 온 나라를 누비면서, 모르는 사이에 이곳을 여덟 번이나 찾았다고 했다. 특히 강진과 해남이 우리 역사에서 한 번도 무대의 전면에 화려하게 주목을 받아본 적이 없다는 것, 그야말로 은둔자나 낙향자나 유배자의 귀양지였을 뿐인 땅을 그는 스스로의 답사기의 제1번지로 잡고 있는 것이다. 그리고 이런 계획은 결과적으로 이 답사기가 남쪽의 땅끝 두륜산에서 시작하여 북쪽의 묘향산에 이르는 온 국토의 답사기가 되게 하였다.

현대인들의 여행은 흔히 목적지를 향한 길 가기이며, 지나는 길이란 기다리기 괴로운 과정이 되기 일쑤이다. 그런데 답사객에게는 이 지나는 모든 길들이 관심의 대상이 되며 혹은 여정(旅程)이며 여정(旅情)이

된다. 그리고 이 노정의 여정을 통하여 여행은 풍요를 더한다. 그러기에 대구를 떠나 남도로 향하는 여정에서 지리산은 차창 밖으로 계속 답사객을 따라오며 여러 가지 심상지리를 연출한다.

김지하 시인의 「지리산」 시의 한 구절이 희미하게 떠오르기도 하고, 조정래의 시 『태백산맥』의 감동들이 새로운 기억들을 불러내기도 한다. 답사객의 자연 지리 이해는 남달라서, 가령 강진이 한반도에서 일조량이 가장 풍부한 곳이라 하여 강진의 맑은 하늘빛을 사랑하고, 그 하늘빛을 강진만 구강포의 바닷물의 푸르름보다 더 진한 색으로 그려낸다. 한술 더 떠서 그는 우리가 알고 있는 청색의 원색을 여기서 발견하고 있다. 이런 지나는 길의 풍경 하나에서도 색깔의 원색을 발견하는 답사자의 안목은 스스로 이끈 어느 선인 학자의 지언으로 "사랑하면 알게 되고 알면 보이나니, 그때 보이는 것은 전과 같지 않다"는 말로 설득력을 더한다.

다른 하나의 보기는 가령 「담양의 정자와 원림(1)」에서 누정의 미학을 이야기하는 곳에서도 설득력이 넘치는 것을 볼 수 있다. 누정에서 가장 중요한 조건은 말할 것도 없이 자리를 고르는 일이다. 전망이 좋은 언덕이나 강 언덕, 이런 곳에 대개 누정이 세워진다. 그런데 답사의 초보자들은 이름난 누정에 이르면 정자의 건물부터 유심히 바라보고, 그렇게 하는 것이 답사라고 생각하기 일쑤다. 그러나 지은이는 중요한 것은 건물이 아니라 그것이 세워진 자리이며, 따라서 누정의 마루에 걸터앉아 주변 경관을 감상하는 것이 본질이라고 단언한다. 이런 누정의 본질론은 특히 지리산 휴게소가 답답한 산골에 자리잡은 것이나 중부 휴게소나 망향 휴게소에서 정자를 사람의 발길이 닿지 않는 구경거리로 세워놓은 '전통의 껍질'을 비판하는 데서 한 편의 훌륭한 문화 비평

부석사 안양루 사진 임석재

이 된다.

생각해 보면 가령 '관동 팔경'을 보더라도 간성의 청간정, 강릉의 경포대, 삼척의 죽서루, 울진의 망양정, 통천의 총석정과 평해의 월송정 등 여섯 곳이 누정으로 되어 있고, '관서 팔경'도 평양의 연광정 등 일곱이 누정이다. 이들은 건물 자체로서 아름답지 않은 것이 아니지만, 모두가 주변 풍경을 대표하는 이름일 뿐이다. 이 누정들이 관동 · 관서의 팔경으로 꼽힌 까닭은 바로 이곳에 앉아 바라보는 경관의 감상에 그 본질이 있는 것이다.

이렇게 문화 유산과 우리의 자연 풍광을 새로운 애정으로 보아가는 이 답사 여행은 자연히 풍경 속에서 사람을 발견한다. 그 사람은 지나는 곳의 풍광을 사랑한 시인이나 묵객은 물론 이 지방의 향토 사가에서 우연히 만나는 사람까지 다양한 또 하나의 풍경을 이룬다. 이어지는 두 번째 책에서는 첫 번째 책이 이룩한 바 우리 문화 유산에 대한 독자들의 관심에 힘입어 미술사적 안목을 높이려는 의욕을 과시했다. 세 번째 책에서는 새로운 글쓰기에 대한 고민을 떠안으면서, 문화 유산을 통해서 인간 정신의 고양을 구현한다는 목표를 시험하고 있다. 구체적으로는 네 개의 문화권, 곧 부여 · 공주 · 서울 등 부여 문화권, 경주 불국사 안동 문화권, 섬진강 지리산 부근의 산사(山寺)의 미학 등을 답사 · 보고하고 있다. 두 번째 책에서 문화 유산에 대한 넓고 깊은 해석을 소개하는 데 치우친 무게에 비하여, 여기서는 이를 창조하고 누려 온 인간의 삶의 이야기를 엮어내고 있다. 이것이 '말하지 않는 것과의 대화'라는 부제로 나타난 지은이의 뜻이다.

『나의 북한문화유산답사기』는 유홍준 교수가 1997년 9월 23일부터 12일간 평양 일대와 동쪽 교외의 고조선 · 고구려 유적, 묘향산 답사,

평양 서쪽의 강서 구역의 고구려 고분벽화를 중심으로 정리한 답사기이다. 이 책은 남북이 50년 넘게 막혀 있는 상황에서 처음으로 이루어진 남쪽 학자의 북쪽 답사라는 점에서 충격적 여행의 기록일 뿐 아니라, 남북 학자와 관련자들의 공동 답사 여행의 기록이란 점에서 역사적 보고서라 할 만하다. 이 북한 문화 유산 답사기의 중요성은 지은이가 누누이 강조하는 바와 같이 그 현장에서 눈으로 확인하고 발로 익힌다는 점에 있다. 동명왕릉 같은 고구려 유적은 벌써 2천년이 넘는 역사 시대의 유적이다. 오랜 세월의 풍상은 말할 나위도 없고, 그 사이에 왕조가 바뀌고 행정 구역이 바뀌면서 중화군 진파리가 력포 구역 무진리로 불리다가 다시 룡산리가 되었다.

특히나 이 답사에서 이레 동안을 평양 답사로 채웠다는 것은 특기할 만한 사실이다. 평양은 답사의 보고(寶庫)로, 고구려 시대부터 한민족의 도읍지였음은 물론, 청동기 시대의 고인돌이 즐비하고 더 거슬러 올라가 상원군(祥原郡) 일대의 '검은모루 유적' 등 구석기 시대의 유적도 여러 군데 발견된 곳이 아닌가? 한국의 역사를 50만 년 전인 전기 구석기 시대로 끌어올리는 유적, 이때부터 사람들이 살아온 자취를 간직하고 있는 곳이다. 북한 지역에 흩어져 있는 약 2만 기의 고인돌 가운데 평양 인근에만 1만4천 기가 모여 있는 곳이며, 현재까지 발견된 80여 기의 고구려 벽화 무덤 가운데 평양 지역에만 60여 기가 몰려 있는 곳이다. 이렇게 이레 동안을 답사로 채울 수 있는 곳은 남쪽에서는 서울과 경주가 있다고 하지만 평양의 고고학의 유물에 비길 바가 아님은 물론이다.

2. 한비야의 오지 여행, 『걸어서 지구 세 바퀴 반』

현대의 여성 오지 여행가인 한비야(1958~)의 이 책은 그녀가 걸어서 세계 여행을 이어가는 시리즈물이다. 만 6년, 2,100일 동안 여행한 세계를, '아프리카 · 중동 · 중앙아시아' (제1권), '중남 아메리카 · 알래스카' (제2권), '인도차이나 · 남부 아시아' (제3권), '중국 · 티베트 · 몽골' (제4권)로 묶어냈다. 세계 여행과 배낭 여행의 바람을 일으킨 『한비야의 중국 견문록』은 그 가운데서도 2천년대의 베스트 셀러가 된 책이다.

한비야는 어려서부터 지리와 세계에 대한 관심이 컸고, 그때까지 나와 있었던 『김찬삼(金燦三)의 세계일주』와 쥘 베른의 『80일 간의 세계일주』를 읽으며 세계 여행의 꿈을 키웠다고 한다. 대학 입시의 실패가 그에게 새로운 세계로의 탈출을 이끌었고, 미국 유학의 경험과 미지의 세계에 대한 기대가 그를 오지의 세계로 한없이 이끌었다. 그는 이러한 세계 여행이 미지의 세계에 대한 무한한 동경과 함께, 이를 통해서 수많은 나와의 만남과 자기 한계를 극복해 가는 방식이라고 했다. 그녀는 한 번의 세계 여행이 평범한 인생의 10년쯤에 해당하는 체험을 갖게 한다고 말하고 있다. 특히 제1권의 「서문 – 내 이야기」를 통해서 그녀 스스로의 전반생의 삶을 되돌아보고, 여행가로서 여행 체험을 통한 후반생의 삶의 계획을 철저히 다잡고 있다.

한비야의 이 장대한 세계 여행의 장정은 1993년 35세의 처녀 몸으로

페테르스부르크
러시아
영국
덴마크
네덜란드
모스크바
벨기에
독일
체코
몽골
프랑스
스위스
오스트리아
그루지야
투르크멘
우주베크
하얼삔
베이징
스페인
터키
아제르바이잔
대한민국
이탈리아
아르메니아
아프가니스탄
중국
시안
일본
예루살렘
시리아
테헤란
네팔
청두
상하이
카이로
다마스커스
라싸
뉴델리
이집트
요르단
봄베이
캘커타
방글라데시
홍콩
타이페이
에르트리아
인도
필리핀
아디스아바바
이디오피아
말레이시아
케냐
나이로비
싱가포르
탄자니아
다르에스살람
인도네시아
말라위
좀바

한비야의 여행 경로

앵커리지
캐나다
벤쿠버
시애틀
샌프란시스코
미국
보스턴
뉴욕
워싱턴
로스엔젤레스
뉴올리언스
멕시코
마이애미
과달라하라
베리즈
벨모판
과테말라
온두라스
페루
리마
라파스
볼리비아
산티아고
아르헨티나
부에노스아이레스
칠레

시작하여 만 6년이 넘는 긴 여정이었다. 1994년 12월 하순에 시작하여, 먼저 반년 여정으로 그녀는 네팔과 방글라데시와 인도를 돌았다. 두 번째로 북미 끝의 알래스카에서 남미 끝의 칠레까지 1년간을 육지로 여행하고, 세 번째로 아프리카 케냐에서 시작하여 1년 반에 걸쳐 동아프리카와 중동, 중앙아시아를 거쳐 모스크바에서 시베리아 열차로 중국 북경에 이르렀다고 했다. 그리고 네 번째의 세계 여행은 1997년 9월부터 아홉 달 동안 실크로드를 따라 중국에 들어가서는 변방의 여러 지역과 티벳과 몽골 등, 주로 소수 민족의 땅을 중심한 여행을 펼쳤다.

스스로도 별명으로 불리우는 것을 좋아한다는 이 '바람의 딸'은 여행을 "또 하나의 인생"이라 하며, 특히 '나홀로 여행'을 "나와 함께 다니는 여행"이라고 자주 말한다. 혼자 다니는 여행은 스스로 돌보아야 하고, 혼자 결정하고 그 결정에 대하여 혼자 책임져야 한다. 이 과정을 통해서 나와의 대화를 이어가고, 그러면서 스스로를 잘 알아가게 된다. 여기서 항상 새로운 삶, 다양한 삶에 직면하고, 이런 다양한 경험을 통하여 어떤 어려움도 감당해 낼 수 있는 자기 믿음이 굳어진다. 자기에 대한 믿음이야말로 삶의 최고의 소득으로서, 그녀는 세계 여행의 힘겨운 체험을 통해 이를 확인하고 있다.

그뿐이 아니다. 여행은 떠남인 동시에 만남이라는 것, 그래서 그녀는 처참한 생활 여건에서도 절망을 딛고 굳게 일어서는 메콩강 가의 꼬마 소녀를 만나고, 피를 팔아 연명하는 아버지 밑에서 가난에 허덕이면서도 희망을 잃지 않고 살아가는 아시아의 수많은 딸들을 만난다. 그리하여 한비야가 최종적으로 만난 것은 바로 스스로 평생 '하고 싶은 일'을 찾은 것이고, 그것이 바로 국제 난민 관련 프로그램에서 일하는 것이었다. 여행이 아니었으면 만날 수 없었을 일들, 아니 관심조차 갖지 않았을 새로운 일을 그는 여행을 통해서 만났다고 고백하고 있다. 그녀가 적어도 20년간은 목숨을 걸고 일하리라는 이 새로운 삶의 길은 막대한 자기 희생을 동반하는 일이다.

그러나 하고 싶은 일을 해야 용기가 나고 행복하다는 것, 그리고 여행에서 만나는 사람들을 통해서 무한한 에너지를 얻는다는 것을 체득한 그녀는 한국땅을 종단하는 것으로 여행을 끝내고, 그의 새로운 삶의 여행에 목숨을 걸고 임하리라고 다짐하고 있는 것이다.

찾아보기

김 태 준

1939년 황해도 장연에서 출생.

동국대학교 국문학과를 졸업하고

동국대학교 국문학과와 일본 도쿄대학(東京大學)에서

문학석사와 문학박사 학위를 받았다.

1968년부터 명지대학교 국문학과 교수

1986년부터 2005년까지 동국대학교 교수로 재직했다.

현재 동국대학교 명예 교수.

저서

『춘향전 비교 연구』(공저)

『홍대용 평전』

『한국문학의 동아시아적 시각』 1, 2, 3

『문학지리 – 한국인의 심상공간』 상 · 중 · 하(편저)

『문명의 연행길을 가다』(공저)

『虚学から実学へ』

역서

『일본문학사 서설』(공역)

이화여자대학교출판부 기획 시리즈

'우리 문화의 뿌리를 찾아서'

1. 한국사 입문 : 신형식 지음
2. 전통 한복의 멋 – 노리개 : 이경자 지음
3. 한국의 지붕 · 선 : 임석재 지음
4. 한국의 창 · 문 : 임석재 지음
5. 한국의 돌 · 담 · 길 : 임석재 지음
6. 한국의 전통 공간 : 임석재 지음
7. 한국의 꽃살 · 기둥 · 누각 : 임석재 지음
8. 우리춤 : 김말복 지음
9. 한국 고전여성작가의 시세계 : 이혜순 지음
10. 한국의 탈춤 : 조동일 지음
11. 한국의 전통 교육 : 최완기 지음
12. 한국의 풍속 – 민간 신앙 : 최준식 지음
13. 한국의 화폐 : 원유한 지음
14. 한국의 도기 : 나선화 지음
15. 한국의 전통 선박 – 한선(韓船) : 최완기 지음
16. 한국의 여행 문학 : 김태준 지음

근간

한국의 소반 : 배만실 지음

한국의 전통 시장 : 정승모 지음

조선 상류 주택의 내부 공간과 가구 : 최상헌 지음

한국의 육상 교통 : 최운식 지음

한국의 여행 문학

펴낸날 1판 1쇄 2006년 3월 10일 _ **지은이** 김태준 _ **펴낸이** 김용숙 _ **펴낸곳** 이화여자대학교출판부
주소 서울특별시 서대문구 대현동 11-1 (120-750) _ **등록** 1954년 7월 6일 제9-61호
전화 02-3277-3163, 3242(편집부) 02-3277-3164, 362-6076(영업부) _ **팩스** 02-312-4312
e-mail press@ewha.ac.kr _ **인터넷서점** http://www.ewhapress.com
편집 책임 정경임 _ **편집** 이혜지 · 김미정 _ **디자인** GNA Communications _ **찍은곳** (주)문성원색

값 12,000원
ISBN 89-7300-676-2 04810
ISBN 89-7300-602-9 (세트)